A TROPA

Gustavo Pinheiro

A TROPA

Cobogó

SUMÁRIO

Apresentação   11

Passando *A Tropa* em revista, por Tania Brandão   13

A TROPA   19

Otavio Augusto: cinco décadas por sete amigos   91

Agradecimentos   97

Para Manuel Valle, sempre

"Nada é mais vivo do que uma lembrança."

Federico García Lorca (1898-1936)

Apresentação

Quando *A Tropa* foi escrita, no final de 2015, os ânimos estavam acirrados. O Brasil vinha de uma onda de protestos, que marcaram o ano de 2013, e acabara de passar pelas eleições presidenciais de 2014. Na ocasião, me chamou a atenção a violência do debate político nas redes sociais e fora delas, uma avalanche de xingamentos e amizades desfeitas.

Daí veio a ideia: e se todas as diferenças de opinião estivessem delimitadas a uma família, o núcleo mais estreito de relacionamento, regido essencialmente pelo afeto?

Quando os cinco homens sobem ao palco, nos convidam a uma reflexão: o respeito às diferenças – políticas, ideológicas, raciais, religiosas, comportamentais, sexuais – é inevitável para o convívio civilizado.

Que bom que somos diferentes – e é assim que precisamos nos entender.

O único ator que nos vinha à mente para interpretar o "Pai" era Otavio Augusto. Ele aceitou o convite e colocou todo seu humor e inteligência a serviço do personagem. Por uma dessas felizes coincidências (e para meu orgulho), o ator comemora com *A Tropa* cinquenta anos de teatro. Este livro é uma homenagem a ele.

Gustavo Pinheiro

Passando *A Tropa* em revista

Ao longo da História, o texto teatral no Brasil nunca recebeu reconhecimento justo, compatível com a sua importância cultural. Aqui, a profissão de dramaturgo não existe – não é possível ganhar a vida a partir da arte de escrever para o palco. Os artistas que adotam a arte e escolhem escrever para o teatro precisam sobreviver graças a outras profissões. E precisam se multiplicar em diferentes funções, precisam atuar como produtores, empresários de si mesmos, diretores para conquistar a emoção de ver as suas obras encenadas. Ao redor do palco, também impera o deserto – todos os rituais consagrados de celebração dos autores, comuns no mundo ocidental, são escassos ou inexistentes no nosso país.

Uma rara iniciativa de imenso valor para a dramaturgia foi concebida pelo Centro Cultural Banco do Brasil – a Seleção Brasil em Cena, um concurso de dramaturgia muito especial. Ela contribui de forma direta para a possibilidade de mudança desse cenário. Diante da precariedade que cerca o espaço da dramaturgia, a proposta do CCBB alcança imensa repercussão ao promover um amplo debate dos textos selecionados e um oportuno exercício de encenação dos finalistas. Há uma sequência de ações positivas, que culmina com a montagem profissional do vencedor, limite difícil de ser superado na realidade corrente no país. Para os autores, chegar ao palco numa montagem profissional é um dos maiores desafios. Além da montagem do texto vitorioso, a mecânica proposta traz um estimulante processo de aperfeiçoamento da arte para todos os envolvidos – autores, estudantes de teatro, diretores e atores profissionais vivem teatro de uma forma intensa ao longo das etapas da Seleção.

A Tropa, de Gustavo Pinheiro, vencedor da edição de 2015 desse inovador concurso, recebeu uma montagem profissional impecável, devotada à revelação rigorosa do panorama humano ácido desenhado no texto. A observação é de extrema importância, pois a escolha formal do autor, no tratamento de uma situação de aparência realista, poderia levar a percepção do leitor para uma redução do alcance da obra. A classificação automática do texto como *realista* é inadequada, pediria ao público um olhar quadrado, regressivo e, o que é mais grave, distante da densidade da obra. Nesse caso, o significado último do texto estaria irremediavelmente perdido.

A aparência realista nasce da situação dramática, uma só, do princípio ao fim da peça: a apresentação de uma fatia da vida de uma família em conflito. Apesar da situação de confronto familiar, com um fluxo sombrio de dor e acerto de contas localizado num quarto de hospital, *A Tropa* está longe de ser uma reles cena de exposição dramática ou de conciliação de humores. Ela não é uma janela do mundo afetivo talhada para revelar um sentimentalismo trivial. A busca proposta pelo autor é por abismos profundos, daqueles que demandam intensa vivência afetiva. Está em jogo a delicada trama de estruturação das pessoas nesta sociedade de guerra ao próximo chamada Brasil.

O texto é seco, direto, econômico. Da abertura ao fim, a ação acontece em sintonia com a forma moderna, na qual os caracteres – personagens – tecem a ação e até enveredam por exposições do passado ou revelações pessoais. Há um desejo bem-sucedido de apresentar formas humanas áridas, nas quais as ambições pessoais impedem qualquer grandeza em relação ao outro: são sujeitos devotados a contemplar (ou, antes, a enfrentar) seres-objetos, a forma do outro, sempre menor que si mesmos. O outro é um acidente. Uma espécie de coisa, o soldado raso que o comandante sem hesitar manda morrer. O outro só serve para morrer.

O impacto começa logo de saída, ao se constatar, no quarto de um hospital, as cores sentimentais conflitantes de um encontro de homens: um pai doente, vítima de um mal súbito, e os seus quatro filhos. A rigor, eles representariam uma família, mas, desde as primeiras falas, a cena revela um universo cindido, em crise, como um edifício prestes a ruir, uma fortaleza incapaz de se manter de pé. O tom do encontro é o desencontro, a luta permanente. Numa espiral de revelações, cada qual expõe sua personalidade e sua incapacidade para entender o outro, aceitar diferenças ou negociar qualquer aproximação. A força do texto se revela em bloco graças à excelência da tessitura do diálogo, conduzido com eficiência para a tradução de cada personalidade e para a indicação do jogo entre elas.

Cada personagem materializa um perfil bem nítido, bem definido. O Pai, um ser sem nome, traduz em vários matizes o poder autoritário, despótico mesmo, o comando cego, inflexível, arrasador. Em contraposição, cada filho se apresenta como uma forma surda de reação à autoridade e aos embates com os demais, um pouco como se registrassem algumas das atitudes humanas básicas, mas desesperadas, suicidas, diante do poder. Atitudes solitárias, profundamente solitárias.

Na verdade, são atitudes brasileiras, revelam uma carnalidade de marionete, pessoas que jamais chegaram à cidadania ou ao senhorio de si. O painel de atitudes é bastante matizado, vai da adesão covarde ao enfrentamento infantil, sempre, no entanto, em atitudes niilistas, de aniquilamento, redução humana. O confronto não significa libertação, mas autodestruição.

No desfecho da trama, Gustavo Pinheiro constrói com extrema habilidade uma notável cena de reconhecimento, a explosão capaz de revelar a verdadeira face do Pai, a sua potência massacrante. Um grande segredo, um profundo ato de opressão e crueldade cimenta o núcleo da família. Este ato dimensiona a estatura do autoritarismo do Pai e permite ver em toda a extensão o seu poder de corrosão sobre as pessoas, a frieza diante do aniquilamento da própria mulher. Ao final, após a revelação, permanecem juntos apenas o opressor e o oprimido, partes constitutivas de um mecanismo de poder profundo, perverso, mas estável.

Não se trata, portanto, da denúncia de um fato ou de um retrato simbólico de uma situação histórica. Não há um painel histórico, não existe a ambição de fazer um documentário. Há, antes, o uso da linguagem teatral com extrema maestria para dissecar uma engrenagem profunda da estrutura da identidade humana do país. Com certeza ela foi polida como se fosse um coturno durante a ditadura militar. Porém, se ela não fosse a alma tradicional profunda do Brasil, talvez sequer a ditadura fosse viável, pois ela não teria suportes humanos para se instalar. Graças ao CCBB, à encenação seca e abstrata de Cesar Augusto, com cenário minimalista de Bia Junqueira e iluminação sensível e cirúrgica de Adriana Ortiz, foi possível dar plena expressão à peça, explorar este seu sentido tão radical.

De certa forma, ainda que *A Tropa* seja um texto de estreia e a trajetória do autor não seja previsível, importa assinalar o quanto o tema central da peça evoca algo das principais preocupações do dramaturgo Jorge Andrade (1922-1984), se não o maior, com certeza um dos maiores dramaturgos nacionais. Deve ser destacada, em particular, a inclinação para tentar entender o perfil profundo da personalidade do brasileiro, muito embora o autor paulista estivesse mais ligado ao tema bandeirante, paulista.

A Tropa aciona o pensamento ao redor da identidade nacional, busca dar vida à sua condição de fragmento, um pouco a falha dolorosa que Jorge Andrade buscou entender na alma paulista. A referência à família e ao pai despontam, então, não como memorialismo ou estudo de caso, mas como *loci* de pensamento, lugares de compreensão do ser.

Portanto, a peça nos apresenta não um panfleto, um retrato de época ou um muro de lamentações, mas uma radiografia inquietante, arrasadora, do fluxo de mando de que somos feitos. Trata-se da radiografia de nossa natureza mais densa, mais remota. Somos massacrados por esse fluxo de mando, reduzidos a anões existenciais – talvez o bebê morto esteja em todos nós, no fundo do nosso ser, traduza uma multiplicidade sensível que a nossa natureza profunda autoritária não deixa aflorar.

A nossa existência como tropa parece nos vedar o acesso à condição de cidadãos, parece nos obrigar a mourejar como fortalezas sombrias, obsoletas, inadequadas para o jogo social mais sadio, abrigos de guerra sempre ultrapassados pelo nosso próprio tempo. Talvez tudo isso explique a pobreza institucional do teatro no Brasil, demonstre por que o teatro esteja condenado, aqui, a ser uma arte indesejada e os autores artistas-fantasmas, batalhadores da solidão. Nesse caso, então, só nos resta agradecer aos que lutam a verdadeira luta para romper as nossas trevas mais profundas – obrigada, Gustavo Pinheiro, obrigada, Centro Cultural Banco do Brasil.

Tania Brandão
Crítica de teatro, pesquisadora e professora de História do Teatro Brasileiro.

A TROPA

de **Gustavo Pinheiro**

A Tropa estreou em 10 de março de 2016, no Espaço III do Centro Cultural Banco do Brasil (CCBB), no Rio de Janeiro. Este texto foi vencedor da 7ª Seleção Brasil em Cena do CCBB, em dezembro de 2015.

Texto
Gustavo Pinheiro

Direção
Cesar Augusto

Elenco
(por ordem de entrada em cena)
Otavio Augusto (Pai)
Alexandre Menezes (Humberto)
Eduardo Fernandes (Arthur)
Rafael Morpanini (Ernesto)
Daniel Marano (João Baptista)

Cenografia
Bia Junqueira

Figurino
Ticiana Passos

Iluminação
Adriana Ortiz

Trilha sonora
Cesar Augusto, Rodrigo Marçal e Joana Guimarães

Operação de luz
André Martins

Operação de som
João Werneck

Fotos de divulgação
Elisa Mendes

Assessoria de imprensa
Paula Catunda e Bianca Senna (1ª temporada)
e Rachel Almeida

Cenotécnica
Dartanhan Assumpção

Assistência de direção
Raquel André (1ª temporada) e Luísa Pitta

Assistência de produção
João Eizo Yanagizawa (1ª temporada) e Athenea Bastos

Realização
Me Gusta Produções

PERSONAGENS

PAI: 71 anos

FILHO 1: HUMBERTO – 51 anos

FILHO 2: ARTHUR – 48 anos

FILHO 3: ERNESTO – 41 anos

FILHO 4: JOÃO BAPTISTA – 36 anos

CENÁRIO

O cenário é um típico quarto de hospital, sem luxo, asséptico, sem personalidade. Máquinas e monitores controlam o paciente na cama, preso a um soro. Há uma poltrona ao lado da cama, um sofá de dois lugares para visitas, uma mesa de apoio, com cafeteira e água. Ao lado, a porta do banheiro e, mais adiante, a porta do quarto para o corredor. Uma janela fechada deixa ver a cidade lá fora, por entre a persiana.

Nota do autor: na publicação do texto da peça, foi feita a opção pela manutenção da oralidade nas falas dos personagens em detrimento de eventuais correções gramaticais.

ATO ÚNICO

Sobe o pano. O PAI está deitado na cama, de olhos fechados. HUMBERTO entra no quarto carregando uma sacola. Quando chega ao sofá, larga a sacola e se senta, cansado, olha para o PAI por alguns instantes e vai até ele. Observa mais um pouco e demonstra preocupação.

HUMBERTO: Papai? Papai?

O PAI não se move. HUMBERTO se apavora.

HUMBERTO: Papai!! Papai!! [*sacudindo o PAI*] Papai!!

O PAI dá um susto no filho, às gargalhadas.

PAI: Achou que eu já tinha ido, Humberto?
HUMBERTO: Que brincadeira mais sem graça, papai.
PAI: Eu não fui ainda não. Eu estou bem aqui. Alerta.
HUMBERTO: Que bobagem... Te acordei?

PAI: Não. Eu vi quando você saiu logo cedo...

HUMBERTO: A enfermeira já passou por aqui?

PAI: [*impaciente*] Jáááá!

HUMBERTO: E já trouxeram seu café da manhã?

PAI: [*impaciente*] Jáááá!

Depois de uns breves segundos em silêncio, o PAI repete.

PAI: [*debochado*] Jáááááá!

O PAI olha para a sacola trazida por HUMBERTO.

PAI: O que é isso?

HUMBERTO: Ah! Eu fiz uma surpresa! Eu fui em casa bem cedinho e... olha!

HUMBERTO tira da sacola objetos do PAI: uma imagem de São Jorge, livros, uma caixa de óculos de leitura, pantufas, um porta-retrato com a foto da mãe, que é colocado na mesa de cabeceira do PAI.

PAI: Você está me mudando para cá, Humberto?

HUMBERTO: Não é nada disso, papai... eu só queria que você tivesse um pouco de confor... [*interrompido*]

PAI: Você não quer que eu tenha alta, não é isso? Você quer ficar com o meu apartamento inteirinho para você. Não se esqueça, Humberto, é você quem mora comigo.

HUMBERTO: Papai, de maneira nenhuma, eu só quis [*interrompido*]

PAI: [*imitando HUMBERTO*] "Eu só quis, eu só quis..." Eu estou farto das suas boas intenções. Faça a gentileza de colocar tudo isso dentro da caixa e levar de volta para a <u>minha</u> casa o quanto antes.

Breve silêncio.

HUMBERTO: O médico veio hoje?

PAI: Veio.

HUMBERTO: E o que ele disse?

PAI: Ele disse o que os médicos sempre dizem. [*debochando*] "O senhor tem que prestar atenção à sua saúde, é preciso rever seus hábitos..."

HUMBERTO: Mas isso eu sempre falo, papai. Com aquela quantidade de manteiga que o senhor passa no pão...

PAI: Humberto, eu cheguei até aqui. Não é um desconhecido de jaleco branco que agora vai controlar a manteiga do meu pão.

Breve pausa.

PAI: O jornal. Estava na porta?

HUMBERTO: Estava.

PAI: Hoje é mesmo o meu dia de sorte: sobrevivi a um mal súbito e o vizinho não roubou o meu jornal.

HUMBERTO: Papai, você tem que parar com essa mania de achar que o Seu Célio pega o seu jornal.

PAI: Mas ele pega!

HUMBERTO: Ele mora três andares abaixo da gente! Era mais perto ele ir à banca!

PAI: Eu conheço aquele velho sovina. Ele tem prazer em roubar o jornal do coronel.

HUMBERTO: Seu Célio não consegue nem mais ler, papai... Vai roubar seu jornal pra quê?

PAI: Você é muito ingênuo, Humberto.

HUMBERTO: Às vezes sou eu mesmo que pego e acabo levando para a rua, para ler na fila do banco...

PAI: [*ríspido*] Pior ainda.

HUMBERTO: E tem mais: não sei se o senhor pode pegar em jornal aqui dentro, é sujo...

PAI: Para de bobagem e passa pra cá.

HUMBERTO entrega o jornal ao PAI.

PAI: [*lendo o jornal*] Olha pra isso, olha pra isso... Dá para acreditar nesse país? Quem viu este país há cinquenta anos não acredita que chegamos a isso. Olha pra isso...

HUMBERTO não comenta. Breve silêncio.

HUMBERTO: Algum sinal dos [*interrompido*]

PAI: [*sem tirar o olho do jornal, seco*] Não.

Breve silêncio.

HUMBERTO: De repente eles [*interrompido*]

PAI: Humberto, eu disse que não quero seus irmãos aqui, não disse? Disse. Ainda assim, você avisou a eles, não avisou? Avisou. Alguém se manifestou? Não. Portanto eles devem ter algo mais importante para fazer na vida. [*breve pausa*] Aliás, honestamente, não acho isso de todo ruim. Só você que fica aqui, controlando a minha respiração, como um desocupado.

HUMBERTO: O Arthur não atendeu o celular. Mariana disse que daria o recado. O Ernesto... telefone desligado. Não sei por onde anda, já deixei várias mensagens.

PAI: E o João Baptista?

HUMBERTO: O João? Ele... Bom, ele [*interrompido*]

Toca o telefone do hospital. HUMBERTO atende.

HUMBERTO: Pois não? Ah, sim, sim. Pode subir.

PAI: O que foi?

HUMBERTO: Tá vendo, papai?! É o Arthur!

PAI: Agora que eu já estou quase tendo alta? Pode mandá-lo embora!

HUMBERTO: Que isso, papai?! Imagina! O Arthur veio até aqui te ver, como vou mandá-lo embora?

PAI: Tanto que eu pedi para você não valorizar esse contratempo com os seus irmãos, mas você não consegue, não é, Humberto?

HUMBERTO: Papai, você desmaiou, bateu com a cabeça! Deu um baita susto na gente! Como eu vou esconder isso dos meus irmãos?

PAI: O problema não é que você não esconde... É que você anuncia! Como se você estivesse chamando seus irmãos para uma festa, a festa tão sonhada... "Venham, venham ver, chegou a hora dele!" Pois bem, Humberto, eu estou aqui para te dizer: a minha hora ainda não chegou.

ARTHUR entra. Ele traz um arranjo de flores e uma caixa de chocolates.

PAI: [*cínico*] Filho!

ARTHUR: Pai! A bênção! Meu Deus, que susto o senhor nos deu!

PAI: Obrigado, meu filho, obrigado.

ARTHUR: Que bom já encontrar o senhor no quarto!

PAI: Achou que ia me encontrar no CTI? Desculpe desapontá-lo, não foi desta vez. [*debochado*] Humberto, entendi por que seu irmão só chegou agora. Ele estava num casamento. E pegou o buquê!

ARTHUR: São para o senhor. [*entrega as flores*] E chocolates.

PAI: Você nunca ouviu dizer que não se deve levar flores a um hospital? E chocolates, Arthur? Se a minha dieta permitisse chocolates eu não estava internado.

ARTHUR: Eu só pensei que o senhor poderia... [*interrompido*]

PAI: Arthur, Arthur, seu problema é esse, meu filho. Suas "grandes ideias". Você e suas "grandes ideias"...

O PAI volta para o jornal e HUMBERTO e ARTHUR conversam reservadamente em um canto do quarto.

HUMBERTO: E aí?

ARTHUR: Eu deixei ele em casa há pouco. Agora está tudo bem, eu acho. Mas que noite...

PAI: [*debochado*] Filhos, preferem que o papai saia?

HUMBERTO e ARTHUR ignoram a implicância do PAI.

HUMBERTO: Ele perguntou pelo João. Ele já sabe que o papai foi internado?

ARTHUR: Já. Achei melhor contar de uma vez. Ele ia estranhar muito chegar em casa e não encontrar o pai. E por aqui?

HUMBERTO: Desse jeito que você acabou de ver. O de sempre. Mas eu não culpo, Arthur... Caiu no chão, bateu com a cabeça... Nessa idade não é moleza.

ARTHUR: Eu não entendo você, Humberto. Quanto mais ele bate, mais você dá a cara para bater.

HUMBERTO: [*desdenha e muda de assunto*] Bom, Arthur, eu vou aproveitar que você chegou para dar um pulinho em casa e...

ARTHUR: Humberto, você me desculpa, mas eu não vou poder ficar... na verdade, eu só vim ver se está tudo em ordem, eu tô cheio de coisa para fazer. Eu não dormi nada esta noite. No trabalho está uma confusão, eu preciso voar para o escritório.

HUMBERTO: Mas, Arthur...

ARTHUR: [*intransigente*] Humberto. Não vai dar.

O PAI interrompe a conversa dos dois, sem tirar os olhos do jornal.

PAI: [*cínico*] Arthur, essa construtora metida nesse escândalo que não sai dos jornais... É a sua, não é?

ARTHUR: [*incomodado*] Não, pai, não é a minha. Eu não sou dono de construtora. Eu sou engenheiro. Eu trabalho em uma construtora. É diferente.

PAI: [*cínico*] Meu filho, incrível como você ficou humilde de repente... Você era o tal, Arthur! Lembra, Humberto? Seu irmão era o tal! Aquele que fazia e acontecia! Triplex na Lagoa, Volpi na parede, casa em Saint-Barthes [*interrompido*]

ARTHUR: [*sério*] Alugada.

PAI: Alugada onde? Em Saint-Barthes! Jatinho pra lá e pra cá, ano-novo no Plaza Athenée, sempre jantando com políticos influentes... Todo mundo viu você e seus amigos em Paris, com o guardanapo na cabeça. [*muda o tom*] E você sempre fazendo questão de vomitar essa bobajada na nossa cara, como se a gente desse a mínima. De repente eu abro o jornal e começo a ver os nomes de um monte de "amigos" teus... todo mundo na cadeia.

Será que eu vou viver o suficiente para ter o desgosto de ver um filho na cadeia, Arthur?

O telefone do hospital toca. HUMBERTO atende.

HUMBERTO: Alô? Ah... sim... pode subir. Obrigado.

PAI: [*irônico*] Espera! Primeiro vê se não é a Polícia Federal!

HUMBERTO: [*contemporizando*] Papai...

ERNESTO entra, trazendo um embrulho.

ERNESTO: Família! E aí, paizão! Que bom te encontrar [*interrompido*]

PAI: Vivo?

ERNESTO: Acordado!

ERNESTO beija os irmãos.

ERNESTO: Olha o que eu trouxe...?! [*antes que alguém possa adivinhar, ele tira uma garrafa de uísque de dentro da sacola do Free Shop*]

Os irmãos sorriem e se cumprimentam. O PAI desdenha.

ERNESTO: Deixa de ser carrancudo, pai. Você sempre gostou de uma bebidinha que eu sei...

O PAI não responde, sério.

ERNESTO: [*para ARTHUR*] E as meninas, cadê?

ARTHUR: Elas...

ERNESTO: Saudades das minhas sobrinhas!

ARTHUR: Elas... [*sem graça*] Elas andam tão ocupadas... Natália só pensa na viagem de quinze anos.

ERNESTO: Disney?

ARTHUR: Miami, com as amigas. E Mariana, agora que entrou para a faculdade, já viu, né? Não para mais em casa. Me pediu o WhatsApp do avô, imagina... Enfim, elas não quiseram vir. Eu respeitei.

ERNESTO: E por você tudo bem?

O PAI dobra o jornal e o coloca no colo, interessado na confusão que se prenuncia.

ARTHUR: Ernesto, você se materializa aqui, vindo sabe-se lá de onde, sem dar notícias sabe-se lá há quanto tempo, e se acha no direito de cobrar responsabilidades de uma menina de quatorze anos e outra de dezoito?

ERNESTO: Arthur, tudo bem. Por mim, foda-se [*interrompido*]

PAI: [*repreendendo*] Ernesto...

ERNESTO: [*para ARTHUR*] Você educa do jeito que você quiser. Eu só achei que você não era esse tipo de pai.

ARTHUR: Tipo de pai? Que tipo de pai você acha que eu sou?

ERNESTO: Desses que subvertem a ordem e passam a obedecer aos filhos.

ARTHUR: Você sempre decidiu o que ia ou não ia fazer da própria vida. Sempre contrariou o pai e a mãe. Tá posando de moralista depois de velho, Ernesto?

ERNESTO: É diferente.

ARTHUR: Diferente por quê?

HUMBERTO: [*se intrometendo*] É, diferente por quê?

ARTHUR: Vamos fazer uma coisa: você não se mete na educação que eu dou para as minhas filhas e eu não me meto na sua vida. Combinado assim?

ERNESTO o ignora e se serve de água.

HUMBERTO: Ernesto, por que você demorou tanto a dar notícias?

ERNESTO: [*sem paciência*] Eu estava no Pará, Humberto. Você acha que o celular pega no Pará? O celular mal pega aqui, o que dirá no interior do Pará!

HUMBERTO: Até no jornal eu liguei atrás de você.

ERNESTO toma um susto.

HUMBERTO: Eu não entendi nada. Me disseram que você não trabalha mais lá.

ARTHUR: Você deixou o jornal, Ernesto?

ERNESTO: Eu fiquei sabendo que eles iam fazer uma demissão em massa, pedi para ser incluído no passaralho. Mais de sessenta demitidos.

PAI: Então, vamos ver: dos meus quatro filhos, três estão desempregados e um está na mira da Polícia Federal. É de dar orgulho a qualquer pai.

ARTHUR: Ernesto, Ernesto... Eu te avisei... Do jeito que você viaja... Um dia iam reparar que você não fazia falta. Não avisei?

ERNESTO: Viajar é o meu trabalho. Eu era editor do caderno de turismo, porra!

PAI: Olha a boca, Ernesto!

ERNESTO: E quer saber? Foi melhor assim. Agora eu estou livre para me dedicar ao meu filme!

ARTHUR: [*grave*] Aliás, foi bom você falar nisso [*interrompido*]

PAI: Você sempre foi assim, Ernesto. Sempre teve uma resposta pra tudo. Incrível como tantos anos depois, você continua desse jeito... desse jeito...

Luzes se apagam. Um foco apenas em ERNESTO.

ERNESTO: Ô manhê, eu quero ir na janela... Eu só vou tomar banho depois do Beto e do Tutu... Ô paiê, deixa a luz acesa!... Me dá o pião! É meu! A vovó deu pra eu!... Aaaaaaiiiêêê! O Beto me beliscou!... Muito pior o Tutu, muito pior o Tutu, ele tirou três na prova, sabia?!... Mengoooo, Mengoooo!... Não, eles lavam e eu enxugo! Porque sim! Porque eu quero!

Luzes voltam ao normal.

PAI: Desse jeito, desse jeito...

ERNESTO: Que jeito? Independente? Dono do meu nariz? Que jeito? Fala!

ARTHUR: Esse jeito, Ernesto! Esse mesmo! Lembra, Humberto? "Não vou torcer pelo Fluminense porque eu não gosto de verde." Ficava gritando "Mengo" pela casa. Implicante!

ERNESTO: Eu não tô acreditando, Arthur! Isso tem vinte anos, pelo amor de Deus! O que vocês queriam? Que eu inventasse um voo Pará-Rio Comprido para chegar mais rápido? Eu agora tô aqui. E vocês me recebem com quatro pedras na mão.

ARTHUR: [*irônico*] Coitadinho dele...

HUMBERTO: Não, Ernesto, ninguém está te recebendo com quatro pedras na mão.

PAI: O Arthur está. Com oito.

HUMBERTO: Você tem razão, Ernesto. Você tem toda razão. Mas vamos aproveitar que você está aqui. Eu preciso ir em casa e você fica com o [*interrompido*]

ERNESTO: Eu não posso ficar.

HUMBERTO: Ah, você também não pode ficar?!

Alheio à briga dos irmãos, o PAI fala com ARTHUR.

PAI: Arthur, quer dizer que as minhas netas não quiseram vir me visitar...

ARTHUR: Não é isso, papai. É que elas não querem guardar uma imagem do senhor assim acamado, apático, enfermiço.

PAI: "Guardar uma imagem?" Então você acha que <u>esta</u> é a última imagem que elas vão ter de mim? Para sua informação, eu terei alta logo mais. Ainda hoje eu vou dormir em casa. Vocês não vão se livrar de mim tão rápido assim.

ERNESTO: Quem tá falando em se livrar de você? Pirou, coroa?

PAI: Mais respeito, Ernesto.

ARTHUR olha o relógio. O PAI percebe.

PAI: Tá com pressa, Arthur?

ARTHUR: Pois é, o senhor me perdoa. Mas já me ligaram duas vezes lá do escritório.

PAI: Seu motorista está lá embaixo?

ARTHUR: Está sim senhor.

PAI: [*cruel*] Assim que eu te vi cruzando aquela porta, imaginei você chegando aqui no hospital com aquele chofer ridículo que te leva pra cima e pra baixo. Essa sua eterna pressa é medíocre, meu filho. [*ri*] Você já reparou como as pessoas ficam ridículas no banco de trás do carro quando o assento do carona está vago? [*gargalha para depois ficar sério*] Toda vez que você vai embora lá de casa, eu rio dessa sua empáfia. Você deveria se ver, Arthur, como você fica ridículo.

HUMBERTO: Pai, que é isso... Não liga, Arthur, são os remédios...

ARTHUR: [sério] Acho melhor eu ir embora.

ARTHUR se dirige para a porta. Ele pega na maçaneta quando o PAI continua.

PAI: Você deveria ouvir seu irmão. O Ernesto está certo. Você é um bosta de pai.

ARTHUR fica parado de costas por uns breves segundos. Vira-se para o PAI.

ARTHUR: Muito curioso o senhor dizer isso. Talvez eu seja mesmo, um bosta de um pai. Não é o que as minhas filhas acham, pelo menos nunca me disseram. Mas o senhor... O senhor não tem moral para julgar a paternidade de ninguém. E quem diz isso sou eu, seu filho. E acho que posso falar isso em nome dos meus irmãos também...

HUMBERTO: Arthur...

ARTHUR: Eu estou farto de apagar os incêndios dos meus irmãos.

ERNESTO: Arthur...

ARTHUR: Sabe como foi a minha madrugada? Eu vou te contar. O seu filhinho caçula foi parado pela Lei Seca. Me ligou às duas da manhã, cheio de cachaça e pó na cabeça. Tava a caminho do xilindró, que tal? Tive que dar uns telefonemas que vão me sair caros.

HUMBERTO: Eu pensava que essa *blitz* era séria...

ARTHUR: [*sem se dar conta da contradição do que diz*] E é! Tanto que pegaram o João e eu tive que livrar a cara dele... Levei ele lá pra casa, maldita ideia. Gritou com o porteiro, espatifou no chão aquele samovar da mamãe que ficava no *hall*... As meninas ficaram em pânico, se trancaram no quarto. Não querem ver o tio nem pintado de ouro. Acabei levando o João para a clínica de um amigo. Lá deram um sossega-leão nele. Isso tudo para, poucas horas depois, ter que ouvir sermão de como o senhor é melhor pai do que eu. Enquanto isso, o senhor estava onde? [*debochando*] Tendo o seu desmaio, o seu pitizinho.

O PAI engole em seco.

PAI: Cadê o João Baptista?

HUMBERTO: Ele já está em casa, papai.

ARTHUR: Os médicos disseram que o ideal seria interná-lo.

ERNESTO: De novo?!

ARTHUR: Pois é... mas o João acordou tão culpado... Quando eu contei que o senhor estava aqui [*interrompido*]

PAI: Você é maluco! Não devia ter falado que eu estava internado!

ARTHUR: E o que eu ia dizer quando ele visse que o senhor não estava em casa? "O velho tá no cruzeiro do Roberto Carlos"?

PAI: Desde o falecimento da sua mãe que o seu irmão... Quanta preocupação. Eu só queria saber quem foi o infeliz que colocou seu irmão nesse mundo das drogas... Há dois anos essa angústia. Largou os estudos, não tem ordenado. Sempre de cabeça baixa, sem ânimo para nada, respostas ríspidas. E agora o custo dessa clínica...

ARTHUR: [*seco*] Eu já acertei tudo, pai.

Breve silêncio.

PAI: [*levemente constrangido*] Obrigado, meu filho... Já sei! Vamos fingir que nada disso aconteceu, que nenhum de nós sabe que ele foi internado esta madrugada!

ERNESTO: Que ideia maluca é essa, pai?

PAI: Ele quase não vê vocês, vai ficar arrasado de encontrar os irmãos assim, fragilizado. Para todos os efeitos, o único que sabe de tudo é o Arthur.

HUMBERTO: Bom, isso é verdade.

ARTHUR: Mas não tem cabimento criar um segredo tolo entre nós, pai.

ERNESTO: Isso é ridículo!

PAI: [*firme*] Ridículo é você! Respeitem a minha determinação. Eu sei o que é melhor para o João Baptista.

ERNESTO vê as peças na sacola trazida por HUMBERTO e pega o São Jorge.

ERNESTO: Meu Deus!! O que isso tá fazendo aqui?

PAI: Pergunte ao gênio do seu irmão.

ERNESTO: Não acredito que esse São Jorge ainda existe!

ARTHUR: Foi pintado pela vovó, lembra?

HUMBERTO: Eu ajudei a pintar!

ERNESTO: É verdade, Humberto, ajudou mesmo. [*terno*] Que saudades, meu irmão. Como estão as coisas?

O PAI é rápido e responde por HUMBERTO.

PAI: [*irônico*] <u>As coisas</u> estão bem. Seu irmão passa a madrugada inteira sentado no sofá, diante da televisão, pulando de canal em canal. Do leilão de gado para a pregação do pastor. Isso cansa, sabia? [*sério*] Humberto está com a vida ganha. E ganha às minhas custas.

ERNESTO: Isso é fase. Daqui a pouco passa.

PAI: Desde que foi largado pela esposa, há mais de sete anos, que este é o ritual dele. [*debochado*] Que fase longa...

ARTHUR: Mas e a sua aposentadoria, Humberto? Por que você não aluga um apartamento?

PAI: [*sem deixar HUMBERTO falar*] Aposentadoria de dentista militar? Aquela miséria?

ARTHUR: O Humberto andou ocupado com a doença da mamãe. Verdade seja dita.

PAI: Já tem dois anos que ela faleceu e até hoje ele anda pelos cantos. Um homem de 51 anos. Uma vergonha para qualquer pai.

ERNESTO: Pode ter certeza que ninguém sofre mais que o próprio Humberto, pai.

PAI: Ninguém sofre mais do que eu, Ernesto. Imagina, a essa altura da vida, ter o meu filho mais velho debaixo do meu teto, dependendo de mim, como um aleijão. Nem doente eu posso ficar. Estava na hora de eu passar a ser sustentado por vocês e não o contrário.

ARTHUR: Eu já falei que se você precisar de dinheiro eu posso ajudar, pai.

PAI: Arthur, você compra a sua esposa, as suas filhas, seus políticos, a mim, não.

ARTHUR: Não se trata de comprar, pai.

PAI: [*para ARTHUR*] O pouco que eu lhe pedi, arrumar um emprego para o Humberto, você não foi capaz de fazer.

ARTHUR: [*irritado*] Eu tentei, pai! Mas não tinha nenhuma vaga na empresa para o perfil dele. Um dentista militar! Vai fazer o que em uma construtora?

PAI: Ele sabe mexer cimento branco! E hoje em dia, pode entregar propina...

ARTHUR: O senhor não tá vendo a crise aí fora? Contratos cancelados, obras suspensas. Tá todo mundo enxugando custo.

PAI: [*duro*] Balela.

ARTHUR: [*firme*] O senhor não sabe o que está falando. O senhor não entende nada da vida real. A única coisa de que o senhor entende é de um par de condecorações no peito. Mas isso foi há muitos anos. Hoje, se não falar três idiomas, passar por cima dos outros e mofar dezoito horas dentro de um escritório, morre na praia.

ERNESTO: Calma, Arthur. Pai, eu também vou dar uns telefonemas e ver se descolo um trabalho para o Humberto.

PAI: Faça isso, meu filho: o roto vai ajudar o esfarrapado.

ERNESTO: Quem sabe o Humberto não descobre que também gosta de outras coisas...

HUMBERTO: Outras coisas?

ERNESTO: Sempre é tempo de descobrir novas coisas, Humberto!

HUMBERTO: [*limita-se a repetir o irmão, debochando, sem entender direito*] Sempre é tempo de descobrir novas coisas...

ERNESTO: Eu tô andando com uma galera descolada de cinema.

PAI: [*temendo ter ouvido certo*] De quê?

ERNESTO: Cinema.

PAI: [*lamentando*] Puta que pariu...

ERNESTO: Eu vou ver se descolo um trampo pra ele de cenotécnico, caboman...

HUMBERTO: Não sei se isso vai dar certo.

ERNESTO: Por quê?

HUMBERTO: Nós militares estamos mais acostumados a proibir filmes do que a fazê-los.

ERNESTO: Você não é militar, Humberto. Você é dentista!

PAI: E você insiste nessa bobagem de cinema, Ernesto?

ARTHUR: Ele quer fazer um filme, pai.

PAI: Ele é jornalista.

ERNESTO: E uma pessoa só pode ser uma coisa na vida?

HUMBERTO: Você só vive viajando. Diz aí, papai, o último paradeiro de Ernesto...?

PAI: A última notícia que recebi a seu respeito tem mais de um mês. João Baptista me disse que você estava em Dubai.

ERNESTO: Eu estava em Tóquio para uma última matéria, pai. Na volta, tirei uns dias de folga em Dubai.

PAI: Enquanto você [*debochado*] "descansava" em Dubai, eu passava as horas vendo Humberto e João Baptista esparramados no sofá da <u>minha</u> casa.

ERNESTO: Não me culpe pelas suas frustrações!

Luzes se apagam. Foco apenas no PAI.

PAI: Vamos lá, Humberto! Agora é sem rodinha. Bicicleta de homem. Pedala, pedala, pedala! Não olha pra baixo, filho! Olha pra frente e pedala! Vou soltar, hein, vou soltar! Soltei! Você tá andando, meu filho, você tá andando sozinho!... Não, Arthur, a do nove é a mais fácil! Numa coluna você escreve de zero a nove. Na coluna ao lado você escreve de nove a zero. Viu? Nove, dezoito, vinte e sete, trinta e seis... Não precisa ter medo de cachorro, Ernesto. Chega

perto. Estica a mão devagar. Não se assusta,
deixa ele cheirar, deixa ele lamber. Agora faz
um carinho nele, tá vendo? Quem não gosta
de um carinho?... O til é a cobrinha, lembra? A
cobrinha. Não, filho, não é em cima do O, é em
cima do A. Isso! O nome dos seus irmãos não
tem, mas o seu tem, ué! Se fala Batista, mas
se escreve Baptista, com P. Não sei por quê,
meu filho! Está escrito assim desde a Bíblia!
Isso, meu filho. Agora é só melhorar a letra.
[*emocionado*] Vocês são o meu orgulho!

Luz volta ao normal.

ERNESTO: [*bastante irritado*] Eu sabia que vir aqui seria uma péssima ideia.

PAI: Pois então pode ir! Vai! A porta é aquela!

Telefone toca novamente. HUMBERTO atende.

HUMBERTO: Sim, sim, pode subir. Obrigado. [*desliga*] É o João.

PAI: [*duro*] Respeitem a minha ordem. Nada de falar da recaída do seu irmão.

ERNESTO: [*com o São Jorge na mão*] O João ajudou a pintar esse santo, lembra?

HUMBERTO: Tá maluco, Ernesto? Quando a vovó morreu, o João nem era nascido.

ARTHUR: Sorte a dele, eu sempre fui o preferido da vovó!

ERNESTO: De onde você tirou isso? Ela era doida por mim.

ARTHUR: Você?! Você era o preço que ela tinha que pagar para ficar comigo nos fins de semana.

Os três irmãos sorriem com a implicância. O PAI fica sério. JOÃO entra.

PAI: [*feliz em vê-lo*] Meu filho...!

HUMBERTO: João! O Arthur está implicando com o Ernesto.

PAI: Meu filho, dá cá um abraço no seu pai.

ERNESTO: A gente tava aqui falando da vovó, João.

PAI: [*irônico*] Agora veja, João Baptista: até quem vive na ponte Pará-Dubai resolveu aparecer hoje...

JOÃO: [*carente*] Há quanto tempo não te vejo, Ernesto.

ERNESTO vai ao irmão e o abraça forte. JOÃO faz sinal para ARTHUR se juntar ao abraço e ele se soma aos dois. HUMBERTO, mesmo sem ser chamado, abraça o trio. Os irmãos confraternizam. O PAI fica contrariado e com ciúmes.

PAI: O médico disse que eu devo ter alta em breve, João Baptista!

Os quatro permanecem cúmplices e ignoram a tentativa do PAI de chamar atenção.

HUMBERTO: Eu tenho uma ideia: vamos pedir uma comida. Que tal?

JOÃO: No hospital? Será que pode?

HUMBERTO: Há quanto tempo a gente não almoça junto?

ERNESTO: Desde o enterro da mamãe.

Luzes se apagam. Foco em JOÃO.

JOÃO: Quem escolheu esse caixão? Que calor!... Quem mandou tantas flores?... Mamãe tá bonita... Por que eles põem essa rede sobre o rosto dela?... Tia Nelita engordou. Que calor! Mamãe ficaria feliz com tudo isso. O Humberto está com uma meia de cada cor. Acho que eu vou desmaiar... Não tenho coragem de beber a água desse bebedouro. Alguém tem que chamar o padre ou ele sabe a hora de vir? Como é o nome daquele buraco onde desce o caixão? Nunca fui com a cara desse amigo do papai. Que calor! Que bandeira é essa que estão colocando sobre o caixão da mamãe? A Maria Helena está chorando mais que o Arthur. [*enjoado*] Natália e Mariana estão rindo? E o Ernesto que não chega... Depois preciso pegar o nome desse remédio que me deram. Jazigo! O nome é jazigo! Eu quero morrer no inverno. Será que o Emilio e a mamãe foram se encontrar? Como o papai tá velho. Que calor!

Luz volta ao normal.

ARTHUR: Eu realmente preciso ir embora...

ERNESTO: Ah, qual é, Arthur... Fica, vai. O João acabou de chegar.

ARTHUR: Tá bom... Mas eu pago. Vocês são meus convidados!

HUMBERTO: O João escolhe o cardápio, que tal? Diz aí, João: tá com desejo de quê?

JOÃO: [*um pouco tímido*] Acho que um bife à milanesa com salada de batata!

Os irmão riem.

JOÃO: [*sorrindo*] E arroz! E feijão!

Todos riem, menos o PAI.

HUMBERTO: Falou em salada de batata eu só lembro da mamãe. Lembra da salada de batata dela, Arthur?

ARTHUR: E tem como esquecer? A gente cresceu com ela ditando a receita!

HUMBERTO/ARTHUR: [*juntos, imitando a mãe*] "O segredo da salada de batata é bater a maionese na mão".

Mais risadas, menos do PAI.

HUMBERTO: A mamãe colocava mostarda na maionese da salada.

ARTHUR: Imagina!! É o contrário, você tá confundindo! Ela nunca admitiu mostarda, achava uma heresia. O ingrediente secreto era vinagre.

HUMBERTO: Você tá louco! Com certeza levava mostarda!... Lembra o dia em que você se confundiu e colocou açúcar no lugar do sal? A mamãe correndo atrás de você com o chinelo na mão e o Emilio no colo.

Risadas vão desaparecendo aos poucos. Silêncio.

PAI: Que maneira desrespeitosa de lembrar da memória do seu irmão, Humberto. Ainda mais você. Deveria saber disso melhor do que qualquer um aqui.

Constrangimento. Vendo que não poderia suportar a grosseria do PAI, HUMBERTO vai ao banheiro e sai de cena.

ARTHUR: Pai, pega leve! O Humberto não merece isso. Já se passaram tantos anos...

PAI: O Emilio nunca será passado. A morte do seu irmão foi o começo do fim para a sua mãe.

ARTHUR: Eu sei, eu sei, todo mundo conhece essa história. Mas agora nós estamos aqui. O senhor ainda tem quatro filhos.

Todos fazem silêncio, como se esta fosse uma realidade dura demais para enfrentar.

JOÃO: Eu vou buscar o almoço.

PAI: Não se preocupa, a enfermeira traz o almoço do papai, João.

JOÃO: O nosso almoço.

ARTHUR: Toma, João, leva o dinheiro.

ARTHUR abre a carteira e JOÃO mete a mão, pegando todo o dinheiro. JOÃO deixa o quarto, saindo de cena. Com o bater da porta, HUMBERTO sai do banheiro. O PAI deita-se de lado, de costas para os filhos, para um cochilo. HUMBERTO, ARTHUR e ERNESTO vão para um canto e conversam.

ARTHUR: O que aconteceu com o Emilio foi uma fatalidade, Humberto. Você não tem culpa.

HUMBERTO: Está cada vez mais difícil conviver com ele. Ele se acha muito superior, muito independente... Mas está velho! Outro dia teve um apagão no balcão da farmácia. Branco total. Esqueceu o que estava indo fazer, o que ia comprar e, o que é pior, não sabia voltar pra casa.

ERNESTO: E aí?

ARTHUR: Por que você não me ligou?

HUMBERTO: A sorte é que é a mesma farmácia onde ele vai há trinta anos, todos os dias. O entregador o levou em casa. [*debochado*] Foi a maior entrega que o coitado fez na vida. Eu nem sabia quanto dava a ele de gorjeta.

Os irmãos riem de leve.

HUMBERTO: E o almoço do papai que não vem...

JOÃO retorna com embrulhos. HUMBERTO abre.

HUMBERTO: Cachorro-quente, João? Vamos almoçar cachorro-
-quente?

JOÃO: E qual o problema, Humberto?

ERNESTO: Com a fome que eu tô...

ARTHUR: Duzentos reais para quatro cahorros-quentes. [*dando uma indireta*] Não teve troco não, João?

JOÃO: [*desconversando*] A enfermeira disse que é proibido comer nos quartos. Fingi que não ouvi. Ela vem vindo aí com o almoço dele. [*mandando no irmão*] Vai lá, Beto, pegar a comida dele!

HUMBERTO deixa o quarto. JOÃO BAPTISTA puxa ARTHUR para o canto.

JOÃO: Arthur... Eu tava pensando... A morte do Emilio... Esse assunto sempre foi...

ARTHUR: Ih, João, você também...? Essa história é tão triste... Eu não me lembro direito, tinha só três anos. O Humberto tinha quase seis e era louco para dirigir. O papai vivia dirigindo com ele no colo, deixava que ele passasse as marchas. Ele era bom naquilo. Para um moleque, ele era muito bom... Numas férias na casa da praia, o Humberto levou o Emilio, um bebê, para dar uma volta na Caravan do papai. O Humberto colocou o Emilio no banco do carona. A chave estava na ignição, o freio de mão solto. O Humberto ligou o carro, acelerou, perdeu o controle e... Foi tudo muito rápido. O Emilio foi jogado para fora do carro. Ele não resistiu aos traumatismos.

JOÃO: Mas a mamãe...

ARTHUR: A mamãe estava em casa comigo e o papai. Acho que ela só veio a ter um pouco de alegria com a gravidez do Ernesto. E mesmo assim... Esquece isso, João.

ERNESTO interrompe a conversa.

ERNESTO: Ei, vocês dois, vamos comer?

ARTHUR abraça JOÃO BAPTISTA e se juntam a ERNESTO para comer. Eles se sentam no sofá e na poltrona. HUMBERTO entra no quarto com a bandeja de almoço do PAI. Ele a coloca sobre seu colo.

HUMBERTO: A comida tá com uma cara ótima, papai!

O PAI acorda assustado, como se tivesse dificuldade de lembrar onde está.

HUMBERTO: Calma, papai. O senhor sonhou.

O PAI olha para a comida, sem ânimo.

HUMBERTO: Vamos rezar, papai?

O PAI, sem paciência, simula o sinal da cruz. O PAI permanece contrariado e só revira a comida com a ponta do garfo, sem levá-lo à boca. Enquanto isso, o papo flui rápido e solto entre os irmãos.

ERNESTO: Mamãe detestaria que a gente estivesse almoçando cachorro-quente.

HUMBERTO: Ela ia dizer que é comida de criança. De criança americana. [*imitando a mãe*] "Americano só sabe comer cachorro-quente e hambúrguer."

ARTHUR: Ela ia dizer que essa salsicha tá borrachuda.

JOÃO: Ela ia detestar que a gente comprasse comida na rua.

HUMBERTO / ARTHUR / JOÃO / ERNESTO: [*imitando a mãe*] "Pra que comer na rua, gastar dinheiro à toa?"

HUMBERTO: Lembro de uma vez que o Arthur empipocou todo com *ketchup*. Alergia violenta. Mamãe até achou que era escarlatina. Escarlatina não, rubéola!

ARTHUR: Não era eu não, era o Ernesto.

ERNESTO: Eu?

ARTHUR: É! Você teve alergia ao molho de tomate. E todo mundo achou que era a salsicha.

ERNESTO: Eu não tenho alergia a tomate!

HUMBERTO: Mas já teve! Mamãe até mandou eu e Arthur pra casa da vovó. Ninguém descobria o que era. A vovó pensou em chamar uma rezadeira, ela tinha certeza que era encosto.

ARTHUR: [*rindo*] Lembro que o Humberto chorou quando te viu todo empipocado... Dizia que você ia morrer...

HUMBERTO: Eu?

ARTHUR: Os meninos no colégio disseram que o Ernesto ia morrer! Você ficou em pânico!

HUMBERTO: Eu não me lembro de nada disso... Eu não me lembro de nada disso...

Entediado, o PAI coloca a bandeja sobre a mesinha e se vira de lado para um cochilo, de costas para os filhos, que não ligam para o seu movimento.

ARTHUR: [*para HUMBERTO*] Beto, quem tá cozinhando pra vocês?

HUMBERTO: A Chica, uma moça que vai lá em casa duas vezes por semana.

ARTHUR: Boa?

HUMBERTO: [*malicioso*] Muito boa, Arthur, muito boa.

ERNESTO: João... eu não quero parecer inconveniente... mas é que eu fiquei muito curioso...

ARTHUR: [*repreendendo*] Ernesto...

JOÃO: [*com bom humor*] Tudo bem, Arthur... Pode perguntar, Ernesto.

ERNESTO: [*direto*] Que porra que te deu essa madrugada, *brother*?

HUMBERTO: [*mudando de assunto*] O que é que a gente vai beber?

ERNESTO: Tem o uisquinho do velho.

HUMBERTO: [*irônico*] Muito útil neste momento, Ernesto, muito útil...

ARTHUR: O João não pode beber!

JOÃO: Posso sim, claro que posso!

ARTHUR: Cheio de remédio na cabeça...

JOÃO: E daí? Você não é meu pai, minha mãe, não é nada meu.

ERNESTO: Um golinho não vai fazer mal.

ARTHUR: Se não vai fazer mal, estica uma carreira pra ele, então...

Ernesto abre a garrafa e serve nos pequenos copos plásticos descartáveis de café, dispostos ao lado da água e da cafeteira. Eles bebem enquanto conversam, de um gole só, em shots.

ERNESTO: Então, João, desembucha!

JOÃO: Ah, meu irmão, é uma longa história...

ARTHUR: [*sarcástico*] Longa quanto? O tempo de um voo para Dubai?

ERNESTO: Mas que caralho vocês implicam tanto com a minha viagem? O uisquinho do Duty Free vocês não dispensam...

JOÃO: A verdade, meu irmão, é que eu precisava mesmo de um susto. Eu não ando muito bem de cabeça. Desde a morte da mamãe... as coisas têm sido complicadas pra mim. [*grave*] A gente vai ter que conversar... Mais cedo ou mais tarde, a gente vai ter que conversar. Nós quatro. [*para ARTHUR*] Me desculpa essa madrugada maluca, Arthur. As meninas... Nem sei como te agradecer.

HUMBERTO: [*implicante*] O Arthur falou que você quebrou o samovar da mamãe. Ela gostava tanto daquele samovar...

ERNESTO: Aposto que o samovar era mais caro que uma passagem para Dubai...

ARTHUR: O que todos nós queremos é te ver bem, meu irmão.

ERNESTO: [*aponta com a cabeça para o PAI*] Ele não queria que a gente tocasse nesse assunto com você, acredita?

JOÃO: Que bobagem!

ERNESTO: Por que criar um segredo entre nós?

JOÃO: [*seguro*] Ele gosta de criar segredos entre nós.

ARTHUR: Uma maluquice!

HUMBERTO: Ele não aguenta nos ver fragilizados.

ARTHUR: Vamos tentar relevar, pessoal...

HUMBERTO: Você fala isso porque é o queridinho. O bem-sucedido. Vai encarar essa pedreira todo dia...

ARTHUR: Queridinho? Você não ouviu tudo que eu já escutei aqui hoje?

JOÃO: Ele sempre foi assim?

ERNESTO/ARTHUR/HUMBERTO: [*juntos*] Sempre!

ERNESTO: Verdade seja dita, piorou com o passar do tempo...

HUMBERTO: Eu não acho. Sempre segui as orientações que ele me dava, tentei ser um filho exemplar. Mamãe era testemunha. E, no entanto, nunca fui bom o suficiente. Eu sempre fiz tudo que ele pediu.

ERNESTO: Talvez seja por isso mesmo, Humberto...

HUMBERTO: O corte de cabelo. As notas na escola. A pressão era em mim. Quando o Arthur nasceu, a mamãe já estava calejada. Sabia que se deixasse na mão do papai, você ia pelo mesmo caminho. Ela sempre te defendeu, do jeito que pôde, coitada. Nem no Colégio Militar você estudou, só ia aos bailes...

ARTHUR: Você é que nunca soube dizer não a eles, Humberto. Nunca. Sempre baixando a cabeça, sempre cedendo, sempre concordando.

HUMBERTO: Eram os meus pais, Arthur! Eu era um moleque! Eu tinha a certeza de que eles sabiam o que era melhor pra mim.

ERNESTO: E você nunca desconfiou o que poderia ser o melhor para você mesmo? Servir o Exército?

JOÃO: Até hoje eu não entendo como você conseguiu ser dentista militar, Humberto.

HUMBERTO: Não desconversa não, João. Não desconversa não que o assunto aqui era o seu "pilequinho" de ontem à noite...

JOÃO: Como era essa coisa de ficar dias e dias no quartel, hein, Humberto?

ARTHUR: Eu adorava! Ele ficava aquartelado e eu tinha o quarto só pra mim!

ERNESTO: E a pegação entre os milicos?

Todos riem com a implicância, menos HUMBERTO. Vão bebendo aos poucos.

HUMBERTO: Muito engraçado, muito engraçado... Vocês não fazem ideia do que era ser militar no final da ditadura. Era quase um xingamento.

ERNESTO: [*debochado*] Ainda é.

HUMBERTO: E não bastava ser só militar. Eu era o filho primogênito do coronel.

JOÃO: [*muda drasticamente de assunto*] Eu conheci uma mulher.

Surpresa para todos.

ARTHUR: Como assim?

JOÃO: Eu conheci uma mulher. Lá na clínica, hoje de manhã.

ARTHUR: Deu tempo?

JOÃO: Ela é viciada em cocaína. E em benzodiazepínicos. E morfina.

ERNESTO: [*debochado*] Ótima companhia!

HUMBERTO: [*implicante*] Ela é da turma do cinema? Tá pra ti, Ernesto.

JOÃO: Pela primeira vez eu senti que alguém me entendia. Eu falava as coisas, eu falava o que vinha à minha cabeça, tudo que eu pensava, e ela entendia.

ERNESTO: [*sarcástico*] Será que ela não tava chapada?

JOÃO: Dá um tempo, Ernesto.

ARTHUR: E vocês não vão se ver de novo?

JOÃO: Vamos. Quer dizer, acho que sim. Foi tão rápido. Mas...

O PAI se vira para os filhos e se assusta com a garrafa de bebida.

PAI: Eu não posso acreditar. Eu tiro um cochilo e, quando acordo, é isso. Uísque para o João Baptista?

ARTHUR: [*sussurra*] Eu avisei...

JOÃO: Pode parar. Tá tudo bem.

PAI: Isso é coisa sua, né, Humberto?

HUMBERTO: Minha?!? Porra...

PAI: Você entende, Humberto? Você entende por que eu não posso faltar a você e a seus irmãos? Vocês desconhecem a mínima noção de disciplina. Parece que quanto mais eu falo, mais vocês têm prazer em me contrariar.

JOÃO: [*exaltado*] Eu tô limpo, eu tô bem. Eu não posso viver numa redoma, escondido da vida, das coisas.

PAI: Cala a boca, João Baptista! Você é uma criança, você não sabe de nada!

ERNESTO: [*irônico*] Uma criança desse tamanho?

PAI: Seu irmão é um doente. Ficou doente depois da morte da mãe, que Deus a tenha. Sempre andou agarrado na barra da saia dela, o caçula... Deu nisto. É um fraco.

Silêncio pesado por uns segundos. Humberto recolhe as sobras do cachorro-quente e guardanapos e quebra o silêncio.

ERNESTO: Eu tenho saudade é do tutu da mamãe...

HUMBERTO/ARTHUR: [*juntos*] Huuuummm... O tutu!

ARTHUR: Aquilo era bom demais!

HUMBERTO: Com couve! Refogada no alho!

ERNESTO: E a farofa?!

ARTHUR: Mamãe não admitia que ninguém cozinhasse melhor que ela. Lembra que ela demitiu a Iara, babá do João?

ERNESTO: Não foi porque ela cozinhava bem... Foi porque o papai descobriu que Iara era filha de Oxóssi.

PAI: Humberto chorava de medo! Ela ficava rodando na sala... "eu sou a pomba, eu sou a pomba"...

ARTHUR: A Iara gostava de brincar com o Hugo. Lembra daquele meu coelho, o Hugo?

HUMBERTO: Gostava tanto que colocou na panela.

ARTHUR: Que história é essa?

ERNESTO: A mamãe fez a gente jurar que nunca ia te contar... Mas agora, né? Nem a mamãe nem a Iara estão mais aqui...

HUMBERTO: E nem o coelho...

ERNESTO: É verdade, e nem o coelho! A gente comeu aquele coelho, Arthur! Mamãe não aguentava mais aquele coelho fazendo cocô pela casa e destruindo os gerânios dela. A Iara disse que sabia fazer um guisado... Aí já viu, né?

PAI: Ah! Eu lembro! Aquele guisado...!

ARTHUR: O senhor também participou dessa carnificina?

PAI: Tá falando o quê? Você também comeu!

Todos riem, menos ARTHUR.

ARTHUR: [*em choque*] Há quanto tempo vocês sabem disso?

HUMBERTO: Há uns vinte anos, talvez.

ERNESTO: [*debochado*] A gente sabe guardar segredo... Pelo menos até hoje, né, Humberto? A mamãe ficaria orgulhosa.

JOÃO: [*mudando o tom da conversa*] Eu tenho saudade é da voz dela. Da voz doce da mamãe colocando a gente pra dormir. O cafuné na cabeça. Eu tenho medo de esquecer o som da voz dela.

Breve pausa.

ERNESTO: Legal essa coisa toda da voz dela, muito bonito, eu respeito... Mas a mamãe cantava mal pacas!

Todos sorriem.

ARTHUR: E nunca sabia uma letra de música!

ERNESTO: Letra de música e nome de ator. Dos novos, então... Era só "aquela mocinha", "aquele rapazinho"...

O PAI rompe o silêncio.

PAI: Eu estou estupefato com o desrespeito à memória da mãe de vocês. Quem ouve pensa que ela era uma idiota.

HUMBERTO: A mamãe era uma pessoa alegre, papai. Ao menos quando eu era pequeno...

JOÃO: [*sério, para o PAI*] Você fala como se a respeitasse, como se fosse digno da memória dela, coronel.

PAI: [*muito irritado*] Cale a boca! Cale a boca! Eu não vou tolerar ultrajes de um... de um...

JOÃO: De um o quê? De um o quê? Hein? Fala!

HUMBERTO: [*muda de assunto, tentando aliviar o clima*] Papai, sabia que o João está apaixonado?!

ERNESTO: Agora, Humberto? Jura?

PAI: Apaixonado? Isso é coisa que se diga de um homem? Apaixonado é coisa de maricas.

HUMBERTO: [*dispara*] Gamou numa moça que ele conheceu lá na clínica.

PAI: Na clínica?!

ARTHUR: [*rapidamente*] Uma enfermeira! É uma enfermeira, pai.

PAI: É moça direita?

ERNESTO: [*debochado*] Pelo que ele nos contou, a moça é óóóótima, pai.

Eu vou aproveitar o embalo para anunciar que eu também estou apaixonado.

Todos reagem efusivamente, menos o PAI.

HUMBERTO: Até que enfim! A Lúcia te deixou no estaleiro por um tempo...

ARTHUR: A gente conhece? É gostosa? A Lúcia era gostosa...

ERNESTO: Não, vocês não conhecem. Eu conheci lá em Tóquio.

HUMBERTO: Olhinho puxado! Só eu que não consigo uma jeitosinha dessas...

ARTHUR: Essas japonesas! Dizem que são umas putas na cama! Apertadinhas...

JOÃO: [*cortando a diversão do irmão*] E a Maria Helena, hein, Arthur?

ARTHUR: [*anticlímax*] Maria Helena vai bem. Tão bem quanto permitem todos esses anos de casados. Parecem uns duzentos.

JOÃO: Arthur, vai dizer que nesses duzentos anos você nunca deu uma ciscadinha?

ARTHUR: João, me respeite, né? [*breve pausa*] É claro que já!

Todos riem, menos o PAI.

JOÃO: Aposto que era com aquela secretária que ele tinha... Como era o nome dela?

O PAI e os irmãos lançam palpites de nomes totalmente desencontrados.

JOÃO: Jaciara!

HUMBERTO: É verdade! Cadê a Jaciara, hein, Arthur!

ARTHUR: Rapaz, morreu!

Surpresa de todos.

ARTHUR: A Jaciara morreu!

HUMBERTO: Morreu de quê?

ARTHUR: Foi morta pelo marido, uma coisa terrível. Parece que ele a pegou numa situação meio complicada...

ERNESTO: Pelo jeito não era só você quem comia a Jaciara, hein, Arthur!

Todos riem.

HUMBERTO: Tio Juninho é que passou anos querendo meter uma bala na tia Abigail, lembra, papai?

PAI: Não!

HUMBERTO: Se não fosse a mamãe interceder...

ARTHUR: Mas aquilo era cachaça! Quantas televisões ele não quebrou quando o América perdia?

ERNESTO: No tempo que televisão era caro, hein...

HUMBERTO: Tia Abigail corria lá pra casa com medo que ele tacasse a televisão nela, lembra papai?

PAI: E ele tacava!

Todos riem.

ERNESTO: Mas mamãe preferia dez tias Abigail a meia prima Celeste.

HUMBERTO: Toda semana ia lá em casa medir nossas pernas para costurar uma calça de presente. E eu nunca tive uma!

ARTHUR: Pelo amor de Deus, Humberto! Aquilo era pretexto para passar a mão na gente!

HUMBERTO: O quê?

ERNESTO: Lembro bem da prima Celeste patolando a gente! Por isso que mamãe tinha pânico de ver ela lá em casa! Quatro meninos! Um prato cheio! Não sei que tanto ela media as pernas do Arthur... Até quando ele já era grande ela ia lá medir ele.

ARTHUR: Prima Celeste fez muita camisa de brim para mim, quando eu comecei a estagiar...

ERNESTO: Fala a verdade, Arthur. Prima Celeste foi a tua primeira trepada?

ARTHUR: [*escondendo o jogo*] Isso é assunto, Ernesto...?

Luzes se apagam rapidamente. Foco apenas em ARTHUR.

ARTHUR: Eu não quero, pai. Eu não quero. Assim não, assim eu não quero. Quer dizer, é claro que eu quero! É claro que eu quero! Mas eu quero do meu jeito, no meu tempo. Eu tô namorando a Laís. Eu gosto dela. É claro que eu não vou esperar casar, não é isso. É só que... Eu quero com ela. Eu não quero com qualquer uma. Eu quero que a primeira vez seja com a Laís. Não tem nada de maricas e eu tô pouco me lixando se os meus amigos já...!! Por favor, pai, me respeita. Se já pagou, pega o dinheiro de volta, ué, o dinheiro é seu! [breve pausa] Perdão, pai. Tá bom, eu vou.

JOÃO: Quer dizer que no ano que vem tem festão de bodas de Arthur e Maria Helena!

ERNESTO: Quais são os planos, Tutu?

ARTHUR: Ainda falta tanto tempo...

ERNESTO: [debochado] Essa sua empolgação é comovente!

ARTHUR: Não sei se é hora de festa... O momento político está complicado. Vocês não estão vendo? Tudo agora é motivo para se investigar pessoas, virar a vida pelo avesso. Uma invasão descabida, arbitrária. Gravam, grampeiam, perseguem, denunciam. Uma sucessão de injustiças!

ERNESTO: A Maria Helena e as meninas não vão deixar passar o festão!

ARTHUR: Não sei se isso tudo faz muito sentido agora.

HUMBERTO: A Mariana me disse que você tem ido muito a Brasília...

ARTHUR: [meio sem jeito] Pois é... Não é por gosto não, mas tem sempre um ministro para conversar... sempre um juiz para destrinchar algum assunto.

PAI: [para HUMBERTO] Seu irmão tem medo que o nome dele apareça no escândalo das construtoras.

ARTHUR: Pai... Que absurdo! Eu já disse ao senhor que eu não tenho nada a ver com isso.

ERNESTO: Vamos ser honestos, Arthur: a gente sempre soube que isso podia acontecer... Não é assim que empresários neste país agem para conseguir fechar negócio? São as regras do jogo.

ARTHUR: Agora fiquei curioso, Ernesto: onde estava toda essa sua correção moral quando você foi à <u>minha</u> sala, na <u>minha</u> empresa, pedir dinheiro para a merda do seu filme?

PAI: [*provocador*] Tá vendo, agora a empresa é dele...

ARTHUR: Oito milhões de reais! O Ernesto veio me pedir oito milhões de reais para fazer um filme.

HUMBERTO: Oito milhões?!

ERNESTO: [*irritado*] Cinema é caro, Humberto! Não é prótese de soldado.

HUMBERTO: O que você vai fazer com esse dinheirão todo, Ernesto?! Não precisa trabalhar nunca mais! Foi por isso que você pediu demissão do jornal?

ERNESTO: O dinheiro não é pra mim! É pro filme, Humberto!

HUMBERTO: Mas que filme é esse que custa tanto assim? Vai refilmar o *Titanic*?

ERNESTO: É o meu projeto com as tribos indígenas do Pará.

HUMBERTO: [*surpreso*] Índios do Pará? No Pará ainda tem índio? Desde quando você se importa com os índios do Pará?

JOÃO: [*aconselhando*] Não se mete, Humberto...

HUMBERTO: Mas agora que ele saiu do jornal?! Pra que vai gastar num filme...

ERNESTO: Cala a boca, Humberto...!

ARTHUR: [*grave*] Ernesto, a gente precisa falar sobre isso, meu irmão. Eu ia te contar numa outra hora, não sabia que a gente ia se encontrar aqui...

ERNESTO: Desembucha.

ARTHUR: Nem sei como te dar essa notícia, mas não tem jeito... A verba foi cortada, Ernesto. Me desculpe. Eu tentei o quanto pude. Argumentei, defendi. Mas não deu. Se serve de consolo, outros projetos também foram cancelados. Só mantiveram a exposição de uma artista plástica, mas ela é ex-mulher do dono da construtora, tem cadeira no Conselho, aquelas coisas.

ERNESTO fica incrédulo.

ERNESTO: [*estourado*] A única vez que eu te peço uma porra de uma ajuda [*interrompido*]

ARTHUR: Eu tentei, Ernesto! Eu juro que eu tentei! Mas a gente faturou muito menos este ano. Não deu.

ERNESTO: E agora, Arthur? E agora? Eu já pedi demissão!

ARTHUR: E como você faz isso sem me consultar antes?

ERNESTO: Você disse que tava tudo em cima!

ARTHUR: E tava tudo em cima! Mas as coisas mudam, Ernesto. Você não tá vendo como está o país? Eu tentei!

ERNESTO: Tentar é pouco, Arthur! Tentar é muito pouco! Para um executivo como você, tentar é pouquíssimo. Eu estive lá! Eu vi! Andar alto, café expresso, sofá Sérgio Rodrigues, um séquito de puxa-sacos. Você manda naquela porra!

ARTHUR: Você não sabe de nada, Ernesto! Você não sabe como ficou o Brasil depois do seu governinho de esquerda populista!

ERNESTO: Eu não sei? Eu não sei?! Estão demitindo todo mundo no jornal, você acha que eu não sei como é a vida? Você não sabe como é a vida real! Carrão com motorista, jatinho para Brasília, Piantella, gravata Hermès. Vocês fuderam o Brasil com tanta corrupção por décadas e décadas e a culpa é do governinho de esquerda que vocês colocaram e tiraram quando quiseram?

ARTHUR: [*alterado*] Se não molhar a mão, não faz a obra, Ernesto. Simples assim. O Brasil para!

ERNESTO: E você vai tentar me convencer que não foi sempre assim? Vocês sempre vão ter uma desculpa para fazer o que querem!

ARTHUR: Você acha que a gente não preferia fazer tudo conforme a lei? Que empresário não prefere jogar o jogo limpo? Deixa de ser inocente, Ernesto! Quem não topar dançar a música dos caras, tá fora.

ERNESTO: Eu fico olhando para você falando desse jeito, Arthur, e fico procurando aquele menino, aquele jovem que a gente tanto admirava. Lembra, Humberto? O seu olho brilhava quando falava de política! Presidente do grêmio do colégio. O papai quase teve um troço quando descobriu que você tava metido em passeata pelas Diretas. E a mamãe... ela tinha tanto orgulho de você... dos seus ideais, das suas posições. Onde foi parar aquele Arthur?

ARTHUR: [*revoltado*] A mamãe ainda teria muito orgulho de mim!

ERNESTO: Você mandou a mamãe para Buenos Aires numa excursão da CVC e se achou o melhor filho do mundo! Me desculpe, Arthur, ela não teria orgulho de você.

ARTHUR: Eu paguei o tratamento dela até o fim! A mamãe quis morrer em casa e eu montei o melhor quarto de hospital do Rio de Janeiro na casa dela! Se a mamãe morreu com alguma dignidade, foi por minha causa!

ERNESTO: Olha o dinheiro aí de novo...

ARTHUR: [*exaltado*] Até dez minutos atrás, o meu dinheiro não te incomodava em nada. Aliás, nada no meu trabalho te incomodava. Foi só o seu patrocínio sumir que... Merda!

Silêncio. Todos constrangidos. Depois de breves segundos, JOÃO toma um susto.

JOÃO: Arthur, essa confusão toda em Brasília... Isso não tem nada a ver com aquela papelada que você me pediu para assinar mês passado não, né?

PAI: Papelada? Você pediu para seu irmão assinar papelada?

ERNESTO: Você tá metendo o João nas tuas tramoias, Arthur?

ARTHUR: Vocês estão malucos?! Que tramoia?! Eu pedi para o João assinar alguns documentos como... testemunha da compra de uma casa.

JOÃO: Em Angra.

HUMBERTO: Uma casa? Em Angra?

ARTHUR: [*irritado*] É! Uma casa em Angra! Posso ou não posso comprar uma casa em Angra?! Eu não falei com vocês porque eu sabia que vocês iam fazer justamente essa cara de "casa em Angra" que vocês estão fazendo agora. Achei que o João seria mais discreto. Tava errado. [*bastante irritado*] Vocês realmente acham que eu colocaria o João em "tramoia"?

ERNESTO: Em tramoia não, tá usando de laranja.

ARTHUR: Não seja ridículo, Ernesto!

HUMBERTO: E por que você não pediu para a Maria Helena assinar?

ARTHUR: Eu e a Maria Helena... Nós... Eu não sei até quando...

HUMBERTO: Puxa, meu irmão, é isso mesmo?

PAI: [*firme*] Arthur, <u>casamento é abnegação</u>.

JOÃO: [*olhando fixo o PAI*] Agora o coronel disse uma verdade, finalmente.

ARTHUR: [*para o PAI*] O que o senhor quer dizer com isso? Que eu e Maria Helena devemos morrer infelizes? Que devemos ver o barco afundar dentro dele? Não, pai, eu ainda tenho muita vida pela frente. Eu e Maria Helena construímos uma família e isso não é pouca coisa. Assim como o senhor e a mamãe.

PAI: Nunca se compare a mim e a sua mãe!

ARTHUR: E por que não? Que grande felicidade é essa que nada nem ninguém pode se comparar?

HUMBERTO: [*mudando radicalmente de assunto, colocando panos quentes*] Ernesto, fala mais dessa sua nova namorada japonesa... Como ela se chama...

Pausa de breves segundos.

ERNESTO: [*como um tiro*] Luís Roberto, mas todo mundo chama de Roberto.

Todos em choque. O PAI não mexe um músculo.

ERNESTO: O que é que foi? O Arthur viaja de jatinho roubando o Brasil e a cara de reprovação é pra mim?

JOÃO: [*constrangido*] Que é isso, irmão? Que Luís Roberto é esse? Isso é sério?

ERNESTO: Deixa de ser careta, João! Deixa de ser careta! Macaco, olha pro teu rabo!

HUMBERTO: Ernesto, mas então quer dizer que você...

PAI: Não fala!

Breve pausa e, de repente, o PAI ameaça se levantar num ataque de fúria para cima de ERNESTO. O PAI é contido pelos filhos.

PAI: Eu não vou ter filho viado! Eu não vou ter filho viado na minha casa! Me solta! Me solta! Vem aqui, Ernesto, eu vou te dar uma surra...

ERNESTO: Olha pra você, deitado em cima de uma cama, vai dar surra em quem? Eu não sou, aliás, nós não somos, mais aquelas criancinhas que você mandava acordar e mandava dormir!

O PAI tenta controlar a ira.

ERNESTO: [*sério*] O fato é que estar com ele não faz de mim nem mais nem menos homem do que o Ernesto que você conheceu a vida toda. Não faz de mim nem mais nem menos homem do que qualquer um neste quarto.

Os irmãos se entreolham.

ERNESTO: Eu sei o que te irrita, pai. Te irrita eu não entrar aqui desmunhecando, virando a mão, tendo ataques de bicha. Te irrita eu não ser aquela representação caricata de viado que você viu a vida inteira na televisão. Te incomoda eu não dar detalhes, dizer se eu como ou se eu dou. Porque assim seria muito mais fácil para você, é ou não é? Assim você me colocava logo em uma das milhares de gavetas no seu enooooorme armário do preconceito e ficaria tudo mais fácil. Mas como estamos, do jeito que estamos, ficamos todos perigosamente parecidos.

Breve silêncio.

PAI: O que me tranquiliza é que sua mãe não está aqui para ouvir essa imundície que você está dizendo.

ERNESTO: Você está enganado. Eu tive a oportunidade de falar com ela.

PAI: [*irado*] É mentira!!!

ERNESTO: É verdade! Há muitos anos! Era tão fácil conversar com ela... Tão diferente de você. Era só chegar e falar. O extremo oposto de você. Há muitos anos, ainda na faculdade, eu disse a ela que estava mexido por um professor. E ela foi generosa, como uma mãe deve ser. [*pausa. Emocionado*] Se eu tivesse aparecido aqui, hoje, de mãos dadas com um homem, eu tenho certeza que a minha mãe faria de tudo para agradá-lo, faria um carinho na minha cabeça e depois, me daria um beijo na testa. [*pausa*] Se ela estivesse aqui hoje, ela teria vergonha é de ter sido casada com você.

ERNESTO, com os olhos marejados, se afasta da cama do PAI e sai do quarto. O PAI deita-se, desgostoso.

HUMBERTO: [*para ARTHUR*] Que coisa... E pensar que a gente conheceu tantas namoradinhas do Ernesto...

ARTHUR: A Lúcia era tão gostosa... Como é que um cara que come a Lúcia vira viado depois?

HUMBERTO: Sempre é tempo de descobrir novas coisas, bem que ele avisou...

ARTHUR: [*implicando*] Vai ver ele quer te apresentar a algum amigo do tal Roberto...

HUMBERTO desdenha da implicância do irmão.

JOÃO: Eu vou lá falar com ele.

ARTHUR: Deixa, João. Deixa ele um pouco... Não deve ser fácil para ele falar tudo isso...

HUMBERTO: De repente, se você conseguir o patrocínio, ele volta a gostar de mulher, Arthur. Isso, pra mim, é desgosto...

ARTHUR: Acho melhor eu ir embora. Pra mim, chega. *The show is over.* Já almoçamos, o momento-família já está vivido.

HUMBERTO: Arthur, espera mais um pouco. Só um pouco. Eu trouxe pudim de leite da Chica. Você tem que provar...

ARTHUR: Não, eu vou indo mesmo.

JOÃO: Espera um pouco, Arthur. Também não precisa ir embora assim. Espera o Ernesto voltar. A gente come o pudim e você me dá uma carona.

Em silêncio, HUMBERTO pega o tupperware com o pudim na sacola. Ernesto volta ao quarto.

JOÃO: Ernesto, que bom que você chegou, a gente estava aqui falando do seu... do tal Roberto...

Os irmãos reagem como se ERNESTO não precisasse responder, apesar da curiosidade. HUMBERTO ataca a caixa de chocolates que ARTHUR deu ao PAI.

ERNESTO: Eu não tenho problema nenhum em falar sobre isso, João. Eu te respondo assim que você der mais detalhes sobre a sua nova namorada, a viciadinha em drogas!

ARTHUR: Ernesto!!

PAI: [*assustado*] Que viciada é essa?

ERNESTO: Uma menina que o João conheceu na passagem dele pelo hospício nesta madrugada.

JOÃO: Não é hospício! É clínica de reabilitação!

ERNESTO: [*provocativo*] Você fala, fala, fala e eu só ouço hospício...

JOÃO: Ernesto, você não tinha o direito! Seu, seu... viado!

ERNESTO: Qual foi ô... cheiradorzinho de merda!

ERNESTO e JOÃO partem pra cima um do outro e são contidos por HUMBERTO e ARTHUR. Confusão generalizada até o PAI se impor.

PAI: Chega! Chega! Isso aqui é um hospital!

Os irmão se contêm.

PAI: Não me envergonhem mais do que vocês já me envergonharam até aqui com esse espetáculo de mau gosto que é a vida de vocês.

ERNESTO: Foi ele quem começou...

JOÃO: Não seja ridículo, Ernesto.

PAI: Chega vocês dois. Aqui na frente, apertando a mão um do outro. Como homens. Agora!

JOÃO caminha em passos lentos para apertar a mão de ERNESTO, sem nenhuma vontade, mas o deixa no vácuo ao notar a sacola trazida por HUMBERTO.

JOÃO: Ué, essas coisas não são lá de casa?

HUMBERTO: Eu que trouxe!

JOÃO: Esses livros... Delfim. Memórias do Roberto Campos. Biografia do McCarthy.

ERNESTO: Toda a turma do papai...

HUMBERTO: Eu trouxe para ele passar o tempo.

JOÃO: O mundo mudou, coronel...

PAI: Mudou para pior. O Brasil, pelo menos.

JOÃO: Esse é o seu ponto de vista.

PAI: Não sei o que seu finado governo de esquerda que você tanto gosta fez por este país.

HUMBERTO: Discussão política agora?

JOÃO: Matou a fome de trinta milhões de pessoas. Não é suficiente?

PAI: Isso é apenas um número. Também deve estar manipulado, como os outros números que aparecem todos os dias.

JOÃO: Por que o progresso social dos mais pobres te incomoda tanto?

ARTHUR: Pai, é inquestionável que houve avanços nos últimos anos...

PAI: Especialmente para as construtoras e os bancos. Vocês nunca ganharam tanto.

ARTHUR: Quando a economia vai bem, construtoras e bancos lucram.

PAI: E quando só eles lucram?

HUMBERTO: Quem quer pudim?

PAI: O que me dá pena é que vocês não conheceram o Brasil que a minha geração conheceu. Um país esperançoso, de crescimento, de grandes projetos. Um Brasil em que ambicionar uma vida normal não era uma ilusão. Não havia esses medos de hoje: medo de ser morto na esquina, medo da polícia, de sequestro relâmpago, bala perdida, medo de não voltar para casa. A gente simplesmente vivia. E era feliz.

JOÃO: Esta é a sua versão da história. Muita gente nunca voltou para casa...

PAI: Lá vem você, João Baptista...

JOÃO: Não sou eu, coronel. É a História. Centenas de pessoas foram torturadas e mortas nesse mesmo mundo cor-de-rosa que você tá pintando.

PAI: E você quer tortura maior do que a impingida a este povo diariamente? Já viu como as pessoas vão para o trabalho? Já viu os trens? Os ônibus? Três horas em pé. As estradas. As escolas. Os hospitais! Os hospitais, meu Deus! São essas as conquistas da democracia de que vocês tanto se orgulham? Duzentos milhões de pessoas vivendo como porcos num chiqueiro, ganhando uma miséria, contando os dias para chegar ao fim do mês com algum dinheiro. E os aposentados? Só lembram dos velhos na hora de vender crédito consignado. "Ah, mas temos uma democracia!" Para o inferno a democracia de vocês! Tem tortura mais aviltante que ver esses senhores de terno e gravata todas as noites na televisão explicando como milhões e milhões foram parar em suas contas?

JOÃO: O Brasil é maior que o seu dois-quartos no Catete, coronel.

PAI: [*imperativo*] A revolução tinha uma causa, João Baptista...

JOÃO: Em nome de "causas bem-intencionadas", o mundo já viveu atrocidades.

ARTHUR: Pai, não dá para o senhor negar os abusos da ditadura.

PAI: Eu nunca cometi nenhum abuso.

Silêncio.

ERNESTO: Seus amigos, [*debochado*] os que sobreviveram, estão nas ruas pedindo a volta dos militares ao poder.

PAI: [*desabafando*] Vocês podem tudo! Você pode ser viado, seu irmão pode ser ladrão, o outro, drogado. Só eu não posso defender os meus valores!

HUMBERTO: Pai, ninguém aqui está falando do senhor [*interrompido*]

PAI: Cala a boca e come esse pudim!

JOÃO: Se você nunca perseguiu eu não sei, coronel. Mas também nunca fez nada para ajudar quem foi perseguido.

PAI: Que absurdo é esse agora, João?

JOÃO: A namoradinha do Humberto.

PAI: Quem?

JOÃO: A que foi presa.

PAI: João Baptista, você não sabe o que está falando.

JOÃO: Quantas vezes eu ouvi essa história...

ARTHUR: Ah, eu lembro dela. Clara.

PAI: Ah! Aquela comunista? Arruaceira?! Subversiva! E a culpa de ela ter sido presa agora é minha?

HUMBERTO: [*desconversando*] Mas pra que isso agora? Isso faz tantos anos, João. Eu nem lembro direito disso...

PAI: E, a bem da verdade, seu irmão nunca me pediu para ajudar ninguém. Tô errado, Humberto?

Luzes se apagam. Foco em HUMBERTO.

HUMBERTO: Por favor, papai. Me ajuda. Me ajuda... a soltarem a Clarinha. Clara Silveira. Eu sei que você pode... Não, não, ela não é subversiva! Será que o brigadeiro, será que ele não poderia ligar, interceder... Por favor, papai. Nós estamos namorando firme, vamos nos casar... [*desesperado*] Por favor, pai, me ajuda! [aos prantos] Me ajuda, pai, me ajuda!

Luz volta ao normal.

PAI: Sabe lá por que essa moça sumiu da vida do seu irmão... Sabe lá... quem disse que tem a ver com política?

Todos olham para HUMBERTO que, intimidado, não consegue falar. Angustiado, HUMBERTO deixa o quarto às pressas.

PAI: Pronto. Satisfeito agora, João Baptista?

O PAI se levanta para ir ao banheiro, carregando o soro. AR-THUR faz menção de ajudar o PAI, mas ele recusa, sinalizando apenas com a mão. Quando o PAI se levanta, a imagem é patética: um misto de fragilidade e restos de autoridade. O PAI sai de cena.

ERNESTO: Vocês pegam pesado com ele...

ARTHUR: Eu também acho. Ele não tem mais idade.

ERNESTO: Não, eu tô falando do Humberto.

ARTHUR: Ah, Ernesto, francamente...

JOÃO: O Humberto é forte. Mais forte do que a gente pensa.

ARTHUR: Por que você tá falando isso, João?

JOÃO: É só a minha opinião.

ARTHUR: Mas o papai... ele também não tem mais idade para [*interrompido*]

JOÃO: Cena, Arthur. O coronel aguenta qualquer parada.

ERNESTO: Eu fico preocupado é com o Humberto. O que vai ser dele quando o velho não estiver mais aqui.

JOÃO: [*assertivo*] Ele vai saber se virar.

HUMBERTO retorna ao quarto, assustado.

HUMBERTO: Cadê o papai?

ERNESTO: Ele te deixou um beijo e pulou pela janela.

ARTHUR: Tá mijando, Humberto. Que cara é essa?

HUMBERTO: Eu encontrei o médico lá fora. Parece que... aparentemente as notícias não são as melhores...

ARTHUR: O que você quer dizer, Humberto?

HUMBERTO: Eu não entendi direito, parece que a ressonância do cérebro apontou uma mancha. Uma mancha significativa. Ainda é cedo para dizer qualquer coisa, mas... Os médicos querem mais exames.

ARTHUR: Ele tem um tumor? É isso, Humberto?

HUMBERTO: Eu não sei...

ERNESTO: Ele já sabe disso?

HUMBERTO: O papai me disse que o médico passou aqui mais cedo, falou que ele estava ótimo.

ARTHUR: Ele disse que teria alta hoje.

ERNESTO: Ele tá contando com isso.

HUMBERTO: Eu não sei o que o médico da manhã falou. Mas não me parece que ele vá ter alta tão cedo.

Breve silêncio.

HUMBERTO: E aí? A gente conta pra ele?

ARTHUR: Bom, eu preciso ir. Aliás, há horas que (*interrompido*)

HUMBERTO: Arthur! Agora?!

HUMBERTO, ARTHUR, ERNESTO e JOÃO começam a falar um por cima do outro, sem que se possa entender o que dizem. O PAI sai do banheiro, vê aquela algazarra e estoura.

PAI: Fora! Fora! Fora todos vocês! Eu poderia inventar diversas mentiras para vocês saírem daqui, mas a verdade é que eu não aguento mais ouvir a voz de nenhum de vocês. Eu me reservo o direito de ficar sozinho neste quarto. [*duro*] A minha paciência se esgotou para as mixórdias de vocês, os grandes pequenos problemas que ocupam as vidinhas de vocês quatro. Por favor, saiam.

HUMBERTO: Papai, a gente precisa [*interrompido*]

PAI: [*enfático*] Agora, Humberto.

Os quatro começam a andar em direção à porta, quando o PAI fala.

PAI: Se a mãe de vocês estivesse viva, ela teria vergonha deste dia. Vergonha por mais este dia.

JOÃO: Não teria não...

PAI: Teria sim. Não seria uma surpresa para ela, é verdade. Quantas vezes ela me disse da vergonha que sentia de vocês.

JOÃO: Ela nunca disse isso...

PAI: Várias, várias vezes. Ela me disse várias vezes.

JOÃO: [*irritado*] Você é um mentiroso, é isso que você é! Manipulador! Mentiroso!

PAI: Meça suas palavras, João Baptista!

JOÃO: Quem você é para se atribuir o direito de falar por uma morta. Uma morta criticando seus filhos pela boca de um ditador! Uma mulher que não está aqui para se defender, que nunca conseguiu se defender.

PAI: Defender do quê? Uma mulher que foi amada, respeitada...

JOÃO: Chega!

PAI: Uma mulher a quem dei cinco filhos, a quem dei um lar feliz, a quem eu dei tudo.

JOÃO: Chega!

PAI: Uma mulher que foi felicíssima, como poucas esposas foram!

JOÃO: [*descontrolado*] Chega! Chega! Chega dessa tortura, desse martírio!

PAI: [*também aos gritos*] João Baptista!

JOÃO: Chega dessa pose, coronel! Chega de vestir a farda militar dentro de casa.

PAI: [*grita*] João Baptista, me respeite!

JOÃO: Eu não te respeito! Eu não te respeito! Eu aguentei o quanto eu pude! Não dá mais! No dia em que a mamãe morreu, ela me pediu para chamar vocês três às pressas. O Humberto estava na rua há horas. O Arthur não atendeu o celular, o Ernesto... Sabe Deus onde estava o Ernesto... perguntei se ela queria que chamasse o papai.

PAI: E você não me chamou.

JOÃO: Ela disse que não era pra te chamar! Era eu quem estava em casa com a mamãe quando ela morreu. Nós conversamos muito aquela tarde. Ela estava tão triste, tão amargurada. [*começando a se emocionar*] Ela estava exausta. Falava baixo, pausado. [*fecha os olhos*] A voz... No fundo, eu acho que ela estava louca para morrer. A gente lembrou de coisas da nossa infância. Ela falou de coisas da vida dela. De como casou apaixonada, de como era menina. Que o papai era um homem muito bonito, sedutor... Ela disse que foi muito feliz no começo do casamento. O papai era só um militar, sem grandes ambições.

PAI: Eu já disse: fora todos vocês! Agora!

JOÃO: E aí ela falou sobre a casa de praia. A velha casa de praia. Eu nunca nem conheci. Ninguém nunca mais voltou lá...

PAI: Casa de praia? Por favor, João Baptista, chega!

JOÃO: A gente conversou sobre o Emilio... esse sempre foi um assunto tão delicado... Pela primeira vez, eu tive a chance de perguntar a ela o que aconteceu naquele dia. E o que ela me contou...

Luz muda e dá intenção intimista.

JOÃO: O Humberto ficou louco quando o coronel apareceu com a Caravan. Queria porque queria dirigir. Ele não queria mais saber de carrinho de brinquedo, queria um carro de verdade. O coronel do Exército, claro, tinha que honrar a masculinidade do filho. [*imitando o PAI*] "Vamos colocar o moleque no volante". A mamãe foi contra. Ela me disse que o Emilio era um bebê de colo, que não queria que o papai fosse no carro com os meninos porque... porque... Porque ele tinha bebido a tarde toda.

Susto de todos. O PAI não esboça reação.

JOÃO: [*bastante emocionado*] Ela implorou para que ele não entrasse naquele carro com as crianças! Mas alguém, algum dia, controlou o coronel?

HUMBERTO: [*muito emocionado*] Por favor, João, chega. Eu não quero falar disso, eu não quero lembrar disso, eu não quero, por favor...

JOÃO encara HUMBERTO e ignora o pedido do irmão.

JOÃO: Chega, meu irmão! Acabou! Você sempre soube disso, a vida toda! Acabou!

JOÃO se dirige a ARTHUR e ERNESTO.

JOÃO: A mamãe disse que naquele dia... Que naquele dia o Emilio estava deitado no banco de trás. O Humberto, coitado do Humberto, estava sentado no carona. Quem estava dirigindo a Caravan não era o Humberto. Era <u>ele</u> [*aponta para o PAI*].

Luzes mudam. O PAI, tentando se manter altivo, não se mexe. HUMBERTO emocionado, em silêncio.

JOÃO: Ela tentou ir embora várias vezes. Várias vezes. Ela se sentia culpada em ser conivente com essa mentira horrorosa que você inventou. Mas o coronel sempre dava um jeito de convencê-la do contrário. "Agora não é o momento". Tudo ia bem para eles no governo Medici, logo depois ela engravidou do Ernesto, novas promoções no governo Figueiredo, em seguida eu nasci. E assim ela foi ficando, e assim ela foi levando essa vidinha de merda ao lado do homem que ela odiava. Ela odiava você. "<u>Casamento é abnegação</u>, coronel!" Pelo menos para a minha mãe foi! Pulando de governo militar em governo militar! [*exaltado*] Uma mulher que foi obrigada a batizar os filhos com os nomes dos presidentes da ditadura! <u>Humberto</u> Castelo Branco! Arthur da Costa e Silva! <u>Emilio</u> Garrastazú Medici! <u>Ernesto</u> Geisel! <u>João Baptista</u> Figueiredo! Que tipo de pai batiza os próprios filhos com nomes de ditadores? Você pensou que estava construindo uma família, mas na verdade estava aquartelando uma <u>Tropa</u> na sua ditadura particular.

HUMBERTO chora. ARTHUR e ERNESTO em choque.

ARTHUR: Humberto, você não vai dizer nada? Diz alguma coisa, pelo amor de Deus!

HUMBERTO sai do quarto em direção ao corredor. ERNESTO vai atrás dele. ARTHUR se aproxima do PAI, ameaça tocá-lo, mas desiste do gesto e vai atrás dos irmãos. Ficam no quarto JOÃO e o PAI. JOÃO olha em direção ao PAI, com desprezo, por alguns instantes. Ele sai do quarto e bate a porta. Após um breve tempo, HUMBERTO volta, estende um lençol no sofá-cama de acompanhante e deita-se.

Luz apenas em HUMBERTO, no PAI e no porta-retrato com a foto da mãe, na mesinha de cabeceira.

Luzes se apagam.

FIM

Otavio Augusto: cinco décadas por sete amigos

ANA LUCIA TORRE (Atriz)

Otavio Augusto é um ator completo. Ele transita por qualquer gênero, porque é muito sensível. Otavio é um ser social, político, família. Tem uma visão muito clara das situações emocionais e humanistas de qualquer personagem que interprete. Como comediante, ele tem um *timing* raro de se ver em atores. E, como colega, é de uma solidariedade e de um comprometimento emocionantes.

Além de teatro e televisão, trabalhei com o Otavio no Sindicato dos Atores, onde tivemos conquistas importantes para nossa classe. Guardo vários momentos fortes e emocionantes ao lado dele. Estávamos em cartaz com a peça *Suburbano coração* (1989) havia um ano. Cinco dias e sete sessões por semana. Um sucesso absoluto. De repente, tivemos de suspender a temporada e sair de cartaz por causa do confisco da poupança. Ficamos absolutamente sem dinheiro. Isso nos uniu de tal forma que, até hoje, quando encontro com Fernanda Montenegro nos abraçamos e temos profunda amizade e reconhecimento por aquele tempo difícil que enfrentamos juntos.

Quando Fernanda fez oitenta anos, fizemos um jantar com a equipe de *Suburbano coração*. Fernanda, Otavio, Ivone Hoffman, eu e Marcelo Alvarenga (pianista). Nos reunimos em um restaurante na Lagoa e lá ficamos até às 3h30 da manhã.

Pode ser que não nos vejamos sempre, mas aquele momento foi fundamental em nossas vidas. Falo isso por todos, com absoluta certeza. Tenho um profundo sentimento de carinho artístico e pessoal pelo Otavio Augusto.

ELIANE GIARDINI (Atriz)

Otavio Augusto é meu companheiro de muitos trabalhos. Estivemos juntos como marido e mulher algumas vezes na TV. Fizemos teatro com direito a turnê pelo Brasil com *A dama do cerrado* (1997), do Mauro Rasi. E o talento dele sempre extraordinário, fluindo fácil, transbordando em todos os personagens. Sem frescura, sem arrogância, sem economia. Faz drama, faz comédia, com os pés nas costas. Humano, sensível, observador, ator excepcional. Um dos melhores do Brasil.

ETTY FRASER (Atriz)

Apesar da diferença de idade, Otavio Augusto e eu éramos unha e carne no tempo do Teatro Oficina. Tudo começou quando fomos para Florença com *O rei da vela* (1967) e eu quis fugir uns dias para Roma. O Otavio, claro, topou ir junto.

Como eu era mais velha e tínhamos o mesmo sobrenome (Souza), eu me passava por mãe dele e ficávamos no mesmo quarto de hotel para economizar dinheiro. Fazíamos todos os passeios juntos por Roma. Foi aí que ficamos muito próximos.

Levando todo esse tempo em consideração, posso dizer que a melhor palavra para definir o Otavio é firmeza. Ele é um ator firme, que convence a plateia e os colegas em cena.

JACQUELINE LAURENCE (Atriz)

Ao assistir a *A Tropa* (2016), no CCBB, tive a emoção de ser presenteada com o incrível desempenho de Otavio Augusto no papel do Pai. Na verdade, tratava-se do reencontro com um querido companheiro de palco em peças como *O interrogatório* (1972) e *O amante de Madame Vidal* (1973).

Durante alguns anos, junto com Fernanda Montenegro, Fernando Torres e tantos outros, tive a sorte de dividir alguns palcos com o Otavio Augusto. Com o ator e com toda a sua extraordinária capacidade de ajudar o grupo a transformar cada experiência dessas em um imenso prazer.

Isso tudo sem perder a graça nem o humor, muito pelo contrário (entendam o que quiserem...!). Passados tantos anos, tantas cenas, tantas histórias, só posso afirmar que Otavio Augusto é um grande ator.

RENATO BORGHI (Ator)

Otavio Augusto começou com a gente no Teatro Oficina, em São Paulo, ainda muito garoto, e fez alguns dos espetáculos mais importantes dessa fase da companhia. É o caso de *Os inimigos* (1966) e *Galileu Galilei* (1968), em que ele interpretava um Federzoni extraordinário.

Em todos os personagens, Otavio sempre esteve muito bem, mas foi em *A selva das cidades* (1969) que conseguiu uma proeza. Embora eu seja quase dez anos mais velho, ele conseguiu interpretar meu pai na peça com maestria.

Depois nos encontramos no palco em 1980, na temporada carioca de *Murro em ponta de faca* (1979), quando o Otavio substituiu o Francisco Milani. Otavio sempre foi brilhante. Um grande companheiro. Ele é um ator que joga com o colega, é generoso, não puxa a atenção para si, tem prazer em dividir a atenção da cena com o outro ator.

Mais tarde, voltamos a nos encontrar num trabalho muito difícil que fizemos juntos: a produção executiva de um filme muito louco chamado *Prata Palomares (1972)*. Foram três meses em Florianópolis e o Otavio com o papel mais difícil de todos: produzir aquela loucura! Em 2017, quando comemoramos os cinquenta anos de *O rei da vela* (1967), senti uma falta enorme de ter o Otavio em cena comigo de novo.

SUSANA VIEIRA (Atriz)

Eu tive a alegria e o prazer de dividir muitos camarins com o Otavio. Foi com ele que fiz o maior número de trabalhos na minha carreira. Juntos fizemos várias peças, como *Os filhos de Kennedy* (1975) e *Entre quatro paredes* (1977). *A dama do cerrado* (1996), em especial, nunca me saiu da cabeça. Eu ficava tão encantada com ele em cena que precisava prestar atenção para não me distrair assistindo à sua interpretação.

A verdade é que o Otavio interpreta com as raras nuances que poucos atores têm. Como se não bastasse, quem está em cena com Otavio leva de presente uma performance maior e melhor. Ele vê qual é o tom que você deu à sua fala e, generosamente, acompanha.

A carreira do Otavio é toda dedicada ao talento, à vocação, à simplicidade. Tanto que ele nunca foi afeito a estrelismos, além de ser extremamente gentil, educado e carinhoso com as pessoas que estão à sua volta.

Sem perder a seriedade, o Otavio entra em cena com a graça e o humor de quem está indo para o jardim de infância. Como eu sou meio criança, acho que a gente conseguiu fazer uma bela dupla nesses quarenta anos de trabalho juntos.

VERA HOLTZ (Atriz)

A primeira vez em que vi o Otavio foi fazendo teatro com a Fernanda Montenegro, e fiquei encantada pela potência de ator que ele é. Depois descobri que o Otavio nasceu no interior de São Paulo, como eu, e nossa identificação foi imediata! Otavio é um homem culto, gentil e muito divertido em cena. Ele tem uma coisa fraterna: a gente trabalha com o Otavio, mas parece que está trabalhando com um irmão. Tive a sorte de trabalharmos juntos em muitas novelas e no filme *Bendito fruto* (2005).

Nessa nossa profissão, quem faz a personagem é o outro. É o outro quem tem de acreditar no que você está fazendo. E o Otavio tem isso: ele acredita na contracena com o colega. Uma coisa curiosa: Otavio foi o primeiro ator que o Mauro Rasi procurou para ser o Vado em *Pérola* (1995). Mas ele não pôde aceitar por outros compromissos. Já pensou? Teríamos sido marido e mulher por cinco anos!

Agradecimentos

Alexandre Galindo, André Giancotti, Antonio Paulino Pinheiro, Bianca Smanio, Carlos Chapéu, Carolina Virguez, Dannon Lacerda, Fabiola Pinheiro, Fernanda Thedim, Fernando Libonati, Gilberto Ururahy, Jacqueline Laurence, Lucienne Condé, Marco Nanini, Maria José Pinheiro, Maria Vargas, Mario Pinheiro, Melina Dalboni, Projeto Entre (Sergio Porto), Sergio Saboya, Sidnei Pereira.

Fernanda Paraguassu, Isabel Diegues e Melina Bial, pela paciência e o carinho com o livro.

© Editora de Livros Cobogó, 2018
© Gustavo Pinheiro

Editora-chefe
Isabel Diegues

Editora
Fernanda Paraguassu

Gerente de produção
Melina Bial

Revisor final
Eduardo Carneiro

Projeto gráfico e diagramação
Mari Taboada

Capa
Felipe Braga

Foto de capa
Elisa Mendes

Produção
Me Gusta Produções

CIP-BRASIL. CATALOGAÇÃO-NA-FONTE
SINDICATO NACIONAL DOS EDITORES DE LIVROS, RJ

P719t
Pinheiro, Gustavo
    A tropa / Gustavo Pinheiro.- 1. ed.- Rio de Janeiro : Cobogó, 2018.
    104 p.; 19 cm. (Dramaturgia)

ISBN 978-85-5591-063-0

1. Teatro brasileiro. I. Título. II. Série.

18-51795
    CDD: 869.2
    CDU: 82-2(81)

Vanessa Mafra Xavier Salgado- Bibliotecária- CRB-7/6644

Nesta edição, foi respeitado o Acordo Ortográfico da Língua Portuguesa de 1990, que entrou em vigor no Brasil em 2009.

Todos os direitos em língua portuguesa reservados à
Editora de Livros Cobogó Ltda.
Rua Jardim Botânico, 635/406
Rio de Janeiro — RJ — 22470-050
www.cobogo.com.br

Outros títulos desta coleção:

COLEÇÃO DRAMATURGIA

ALGUÉM ACABA DE MORRER LÁ FORA, de Jô Bilac

NINGUÉM FALOU QUE SERIA FÁCIL, de Felipe Rocha

TRABALHOS DE AMORES QUASE PERDIDOS, de Pedro Brício

NEM UM DIA SE PASSA SEM NOTÍCIAS SUAS, de Daniela Pereira de Carvalho

OS ESTONIANOS, de Julia Spadaccini

PONTO DE FUGA, de Rodrigo Nogueira

POR ELISE, de Grace Passô

MARCHA PARA ZENTURO, de Grace Passô

AMORES SURDOS, de Grace Passô

CONGRESSO INTERNACIONAL DO MEDO, de Grace Passô

IN ON IT | A PRIMEIRA VISTA, de Daniel MacIvor

INCÊNDIOS, de Wajdi Mouawad

CINE MONSTRO, de Daniel MacIvor

CONSELHO DE CLASSE, de Jô Bilac

CARA DE CAVALO, de Pedro Kosovski

GARRAS CURVAS E UM CANTO SEDUTOR, de Daniele Avila Small

OS MAMUTES, de Jô Bilac

INFÂNCIA, TIROS E PLUMAS, de Jô Bilac

NEM MESMO TODO O OCEANO, adaptação de Inez Viana do romance de Alcione Araújo

NÔMADES, de Marcio Abreu e Patrick Pessoa

CARANGUEJO OVERDRIVE, de Pedro Kosovski

BR-TRANS, de Silvero Pereira

KRUM, de Hanoch Levin

MARÉ/PROJETO bRASIL, de Marcio Abreu

AS PALAVRAS E AS COISAS, de Pedro Brício

MATA TEU PAI, de Grace Passô

ÃRRÃ, de Vinicius Calderoni

JANIS, de Diogo Liberano

NÃO NEM NADA, de Vinicius Calderoni

CHORUME, de Vinicius Calderoni

GUANABARA CANIBAL, de Pedro Kosovski

TOM NA FAZENDA, de Michel Marc Bouchard

OS ARQUEÓLOGOS, de Vinicius Calderoni

ESCUTA!, de Francisco Ohana

ROSE, de Cecilia Ripoll

O ENIGMA DO BOM DIA, de Olga Almeida

A ÚLTIMA PEÇA, de Inez Viana

BURAQUINHOS OU O VENTO É INIMIGO DO PICUMÃ,
de Jhonny Salaberg

PASSARINHO, de Ana Kutner

INSETOS, de Jô Bilac

COLEÇÃO DRAMATURGIA ESPANHOLA

A PAZ PERPÉTUA, de Juan Mayorga
Tradução Aderbal Freire-Filho

APRÈS MOI, LE DÉLUGE (DEPOIS DE MIM, O DILÚVIO),
de Lluïsa Cunillé
Tradução Marcio Meirelles

ATRA BÍLIS, de Laila Ripoll
Tradução Hugo Rodas

CACHORRO MORTO NA LAVANDERIA: OS FORTES, de Angélica Liddell
Tradução Beatriz Sayad

DENTRO DA TERRA, de José Manuel Mora
Tradução Roberto Alvim

MÜNCHAUSEN, de Lucía Vilanova
Tradução Pedro Brício

NN12, de Gracia Morales
Tradução Gilberto Gawronski

O PRINCÍPIO DE ARQUIMEDES, de Josep Maria Miró i Coromina
Tradução Luís Artur Nunes

OS CORPOS PERDIDOS, de José Manuel Mora
Tradução Cibele Forjaz

CLIFF (PRECIPÍCIO), de Alberto Conejero López
Tradução Fernando Yamamoto

2018

1ª impressão

Este livro foi composto em Univers.
Impresso pelo Grupo SmartPrinter
sobre papel Bold LD 70g/m².